稲盛和夫の遺した教訓

経営成功のための普遍の原理原則

小宮一慶

致知出版社

はじめに

私は経営コンサルタントを長くやった経験上、成功する経営を行うためには、原理原則を守る必要があると考えています。そのため、セミナーに参加されるお客さまや当社のコンサルタントたちには、「経営成功のための原理原則をしっかりと学んでください」というお話をよくします。

そして、この本で詳しく解説する稲盛和夫さんや松下幸之助さん、あるいは柳井正さんなど成功されている経営者や、ピーター・ドラッカー先生、一倉定《いちくらさだむ》先生など多くの経営者から慕われる経営コンサルタントなどは、原理原則や本質と言った点では、表現の仕方は多少違うものの、その本質は同じだと考えています。

逆に言えば、今挙げたような方々の本なり言動を聞いて、「同じことを言っているな」ということが理解できれば、経営成功のための本質を理解できていると言えます。

この本は稲盛和夫さんが、なぜ経営者として大成功されたのかということを稲盛さんの生き方や言動を通じて解説した本ですが、稲盛さんの生き方や言動を書物などから拾って書くだけなら、私以外の方でも十分にできることだと思います。

私がこの本を書きたいと思ったのは、稲盛さんが大成功されたのは、経営の原理原則や成功する生き方に合っているからだと思ったからです。ですから本書では稲盛さんを中心に据え稲盛さんのことを解説するとともに、松下幸之助さんやピーター・ドラッカー先生などの言論をも解説し、経営成功のための原理原則とは何かを明らかにすることも大きな目的としています。**本書をお読みいただくことで、稲盛さんの経営や生き方をご理解いただくとともに、経営成功のための原理原則を身につけていただくことができる**と考えています。

もちろん、経営が成功するためには、経営手法だけでなくその土台となる考え方も必要であることは言うまでもありませんが、それについても多く解説を加えています。

先日、あるお客さまの紹介で、ＰＨＰ研究所の社長や松下幸之助さんの秘書を長く務められた江口克彦さんとお会いする機会がありました。江口さんは稲盛さんとお会いされたことがあるとのことで、その際に稲盛さんは「私の考え方の半分は仏教、半分は松下幸之助さんからできている」とおっしゃられたそうです。

人が成功するために必要なことは、その人の考え方がとても大切です。その点において、稲盛和夫さんほど考え方の大切さを仏教の修行などを通じて学び、そしてその正しい考え方を経営者に説かれた方はいないと思います。正しい考え方を持つことが成功の大前提だからです。

正しい考え方を持ち続け、それがゆえに成功した経営者には明治時代の渋沢栄一翁や昭和の時代では松下幸之助さんがいらっしゃいますが、平成では稲盛和夫さんがやはりダントツに優れておられると感じています。

私も当社の会員さん向けセミナーでは、経営の原理原則とともに、「何千年もの間多くの人が正しいと言ってきたことを勉強してください」とお話しすることが多いのですが、その際には松下幸之助さんや稲盛和夫さんなどの言葉や『論語』や仏教のお話をすることが少なくありません。

余談ですが、私はセミナーなどで経営のお話の他に生き方などのお話をすることも多いので、私を応援してくださるお客さまの中には、私の考えを「小宮教」と言ってくださる方がいますが、その際には必ず、私は「教祖」ではなく、多くの成功されたた先人たちの教えや考えを私なりに話している「宣教師」だというふうにお話ししています。そうです。私は、成功のための原理原則をお伝えする宣教師なのです。

私には、先に挙げた経営の原理原則や生き方の本質を的確にとらえられた方々の他にも、私の考え方や生き方に大きな影響を与えた方たちがおられます。直接薫陶を受けた方たちや、本で学んだ方たちです。

一番は藤本幸邦《こうほう》老師です。残念ながら12年ほど前に99歳で亡くなられましたが、私の生き方に良い意味でとても大きな影響を与えていただきました。老師は長野県篠ノ井にある円福寺という檀家30軒ほどの小さな曹洞宗のお寺の住職でしたが、とても立派な方でした。世界中の恵まれない子供たちを救う運動をされ、自ら愛育園という恵まれない子供たちの施設を寺に併設して運営するとともに、恵まれないころの中国の奥地やカンボジアやバングラデシュなどに学校を建てられました。老師は、晩年は曹洞宗大本山永平寺の最高顧問も務めておられた当代きっての禅僧でした。私にも多くのことを教えていただき、本書でも老師の教えもお伝えしています。私は今でも藤本老師が設立されたボランティア活動の東京事務局長をしています。

岡本行夫さんからも多くを学びました。外交官として大活躍されたあと、岡本アソシエイツを設立されたころに3年間ほど部下として学ばせていただきました。私が独立後は当社の顧問として何度も講演会でお話しいただき、当社の多くのお客さまに的確な情報を与えてくださったとともに、私には生き方はじめ多くの示唆をしていただきました。

また、船井幸雄先生にもお世話になりました。同郷、同窓ということもありかわいがってくださいました。船井総研主催の勉強会で話をさせていただいたり、雑誌にも連載を寄稿させていただき、共著も出してくださいました。私の考えにも船井先生の考えが反映されています。

セントケアの村上美晴会長はじめ多くの経営者からもいろんなことを教えていただきました。もちろん、多くのビジネスパーソン、学校の先生、友人などからも多くのことを勉強させていただいたことも間違いありません。中には、事業を失敗された方たちもおられますが、彼らの経験も私には良い教訓となっています。

本で学ばせていただいた方たちは数知れずおられます。安岡正篤先生や中村天風先生、鈴木大拙老師などです。その他、『論語』や『菜根譚《さいこんたん》』なども何度も読みましたし、今でも読んでいます。

先ほども述べたようにこの本は稲盛和夫さんの教えを中心に書かれていますが、ここで挙げた多くの成功者から学んだ経営や人生成功の原理原則や考え方と照らし合わせ、経営の原理原則を解説しています。

また、本書では、当社のお客さまの中で、稲盛和夫さんの勉強会に長く熱心に通っておられた経営者の方たちのお話も取り上げています。とくに、盛和塾の全国大会で1位となった愛生館（小林記念病院）の小林清彦理事長、同じく入賞を果たしたワコオ工業の和田一仁社長、日本一の来院数を誇る歯科医院グループである宝歯会の梶原浩喜理事長からは詳しくお話を聞きました。彼らは当社の長年のお客さまでもあります。稲盛さんの経営哲学を実践で行い成功された方たちの考え方は、原理原則や正しい考え方を裏打ちするものです。

本書を読むことで、経営の原理原則や成功する考え方を理解し、皆さんの人生やビジネスがうまくいくことを心より願っています。

稲盛和夫の遺した教訓＊目次

第Ⅰ部　考え方編

第1章　事業の目的の確立

第2章　考え方の大切さ

第3章　誰にも負けない努力をする

第4章　リーダーとしての心構え

第Ⅱ部　経営手法編

第5章　アメーバ経営

第6章 『実学』から読み解くキャッシュフロー経営

第Ⅰ部　考え方編

第1章

事業の目的の確立

なんのために経営をしているか――事業の目的、意義を明確にする

経営を行うに際して、「なんのために事業を行っているか」ということを明確にすることがとても大切です。稲盛和夫さんも松下幸之助さんも、著書の冒頭でそのことを述べておられます。たとえば、稲盛さんの『経営12カ条』（日本経済新聞出版）では、その冒頭の項目は「事業の目的、意義を明確にする」です。

松下幸之助さんの代表的書籍の『実践経営哲学』にも、その冒頭に「まず経営理念を確立すること」という項目があり、「〝この会社は何のために存在しているのか。この経営をどういう目的で、またどのようなやり方で行っていくのか〟という点について、しっかりとした基本の考え方を持つということである」とあります。また「使命を正しく認識すること」という項目には、「人びとの生活に役立つ品質のすぐれたものを次々と開発し、それを適正な価格で、過不足なく十分に供給するというところに、

事業経営のまた企業の本来の使命がある」とあります。

ピーター・ドラッカー先生も「事業の定義は目的からスタートする」と述べています。**「目的」とは事業の存在意義で、何のために事業を行っているかということです**（のちに説明する「目標」とは違います）。

一方、事業を始めたばかりのころは、目的の大切さや目的自体が分からないということも少なくありません。かく言う私も頭では分かっていても、今から思えば本当に分かっていたかは不明です。今からもう28年ほど前の38歳のときに、仲間と3人で会社を始めました。経営コンサルタント業ですから、「目的」をはじめとする経営に対する考え方の大切さは、頭では十分に理解していたつもりですが、実際に事業を始めると、まずお仕事をいただくことが大切になります。そうでないと、従業員や私の家族を含めた生活が成り立ちません。きれいごとでは食べられないのです。必死です。そしてお仕事をいただくと、また、その目の前の仕事を懸命にこなすことが必要になり、それに没頭します。目の前から結構遠くにある、存在意義である「目的」というものは忘れがちになります。

稲盛さんが会社の存在意義を痛烈に感じたのは、会社を設立して3年目に、その前年に高校を卒業して入社した新入社員たち約10人に、将来にわたっての待遇保証を強く要求され、退職も辞さない態度で詰め寄られたときだと言います。それまでは、優秀な技術者である稲盛さん自身が「自分の技術を世に問いたい」ということを念頭に会社経営を行ってきましたが、若い従業員が反乱を起こしたのです。

そこで稲盛さんは自宅での話し合いも含めて3日間かけて、若い従業員たちになんとかとどまってくれるよう必死に説得しました。「入社した皆さんが心からよかったと思う企業にしたい。それが嘘か真《まこと》か、騙されたつもりでついてきてみたらどうだ。私は命を賭けてこの会社を守っていくし、皆さんを守っていくつもりだ。もし私がいい加減な経営をし、私利私欲のために働くようなことがあったならば、私を殺してもいい」(『経営12カ条』)とまで稲盛さんはおっしゃいました。そして、そのことを通じて会社の目的は「現在はもちろん、将来にわたって従業員とその家族の生活を守っていくことにある」と気づき、「全従業員の物心両面の幸福を追求する」という存在意義を掲げるようになったのでした。自分や家族だけが良ければいいという気持ちではダメで、**大義名分が必要**だということです。それも建前でなく本気でそれを思えるかどうかということなのです。柳井正さんも『経営者になるためのノート』（ＰＨＰ研究所）の中で「リーダーというのは、チームを勝利に導く人です。（中略）リーダーは自分だけを勝利に導く人ではないのです」と述べておられます。

欲のレベルを高めるには大義名分が必要

稲盛さんの場合には、創業間もないころに、企業の目的や使命を否が応でも考えなければならない「壁」にぶち当たったわけです。一方、一般的には、創業であろうとなかろうと、必死で仕事をしていると通常はなんとか食べられるようになり、それがしばらく続くと少し生活にも余裕が出てきますが、そこからが大きな分かれ目だと私は考えています。

必死で仕事をする、人よりも少し余計に仕事をすれば、通常は少し儲かります。お金に余裕ができれば、家族を少し良いレストランに連れて行ったり、良いホテルに泊まることもできます。移動するにもグリーン車に乗れるようになります。レストランやホテルでもある程度ちやほやしてくれるようになります。

そうすると、「お金があればなんでもできる」と錯覚する人が出てきても不思議ではありません。お金の「魔力」にとりつかれる人も出てきます。そしてもっとお金を欲しいと思うようになるのです。人間ですからある程度は仕方がありませんが、私は仕事柄そういう人たちを結構見てきました。

一方、ある程度の余裕のある状況になったときに、別の考え方をする人たちもいます。「ここまでこれたのは、お客さまや働く仲間のおかげ、世間のおかげ」と考える人たちです。そうすると、その考え方の延長線上で「もっとお客さまに貢献しよう、働く仲間に喜んでもらおう、より社会に貢献しよう」と考えるようになります。

前者の、よりお金を追う人たちよりも、よりお客さまや従業員、社会に貢献しようと考える人たちのほうが、これまで以上にお客さまや社会から評価され、結果としてそれまで以上にお金が入ってくるのは明らかです。

私の人生の師匠の藤本幸邦老師は、「**お金はないと不自由だが、お金は魔物**」というふうにおっしゃっていました。お金はないと不自由なものです。行きたいところにも行けませんし、子供を良い学校にも行かせられません。したいと思っても、寄付もできません。

しかし、生き方の勉強をしていない人にとっては、お金は魔物にもなりうるのです。「金さえあればなんでもできる」と考えて、よりお金を求めるようになるのです。それでも、お客さまや社会に貢献してお金をより得ようと思えばまだしも、手段を選ばなくなり、借金をしてでも贅沢をしたり、中には不正に手を汚す人まで出てきます。本当に「お金は魔物」なのです（藤本老師は「**お金を追うな、仕事を追え**」ともよくおっしゃっていました）。

しっかり働いて、お金をある程度得られるようになったときに大切なことは、「**欲のレベルを高めること**」です。つまり、贅沢するためにお金をより求めるという低レベルの欲ではなく、お客さま、働く仲間、社会により貢献しようという、より高い欲を持った人が、結果的に成功するのです。

「目的を持つ」、それも、稲盛さんがおっしゃるように「大義名分」をともなった目的を持つということは同様のことを言っているのです。「自分のベンツを維持するため」とか、同族経営の会社で「自分たち一族だけが良ければいい」というのも、存在意義ではありますが、そこには大義名分はありません。

稲盛和夫さんは、京セラ上場で得た資金などから280億円を財団に寄付しました。それにより科学技術などの進歩に貢献する人を「京都賞」として表彰しています。第二電電（現ＫＤＤＩ）設立に際しては株式を所有していません。上場益を得ようとしなかったのです。私利私欲を持たずに経営をされたのです。

私を含めて凡人にとっては、なかなか私利私欲を捨て去ることは難しいことです。ですから、私はお客さまには、「結果として儲かるのは私利私欲ではない」と話しています。お客さまや働く人、社会に喜んでもらって、その結果儲かることは、別に何も問題ないという説明をしています。

松下幸之助さんは亡くなったときに２０００億円超の資産をお持ちだったと言いますし、稲盛さんも先ほども述べたように、財団に２８０億円ほどの寄付をされています。一般的には大金持ちですが、彼らを私利私欲で働いていたという人はいません。

一方、自分や自社の金儲けのためが前面に出たビジネスをしていることは、そこには大義名分はなく、またお客さまや働く人、社会には好かれないので、結果的にうまくいかなくなるということも認識すべきです。大きな不祥事を起こした会社の末路はあわれなものです。

JAL再建の3つの大義名分

2010年1月にJALが破綻《はたん》した際に、当時の民主党政権の前原誠司国土交通大臣は、京都選出の代議士ということもあり、稲盛さんにその再建の依頼を行いました。

稲盛さんは当時すでに78歳のご高齢で、固辞されたそうですが、前原氏の何度もの依頼に、ついに再建の手助けをする決心をされました。

その際に、「JAL再建に大義はあるか」ということを何度も考えられたそうです。

そして、次の3つがあると考えられました。

①　このままJALが破綻すれば、低迷が続く日本経済に大きなダメージを与える

②　残った3万2000人の雇用を守ることは社会的に重要

③　JALがなくなれば日本に大手航空会社は1社しか残らない

この3つに大きな意義があると感じられて再建を引き受けたのです。大義名分のないことはやらないが、大義があるならそれを行うということです。

また、稲盛さんは、物事を判断する際に「**動機善なりや、私心なかりしかどうか**」ということを常に考えておられました。自分が行おうとすることの動機が正しいかどうか、そこには私心がないかどうかということです。自分の物欲や金銭欲、名誉欲のために事を行うということを常に戒めておられました。

社会への貢献――第二電電の設立

大義名分ということでは、稲盛さんが第二電電を設立されたときのエピソードからも多くのことを学べます。「国民のために通信料金を安くする」ということを目的に第二電電を立ち上げたのです。

独占企業のＮＴＴというジャイアントに挑む企業として、第二電電の他には、日本道路公団とトヨタ自動車の連合体、そして日本国有鉄道（現ＪＲ）が手を挙げました。いずれも自社の強みを生かしての設立です。道路公団とトヨタの連合体の日本移動通信では、旧建設省などの後ろ盾がある上に、東名阪の高速道路に光ファイバーを引くことができます。多くの取引先もあります。国鉄では、東名阪に通信幹線を引くには新幹線の側溝を利用することができ、さらには鉄道通信で培った技術力もあります。また、多くの出入り業者を顧客とすることもできます。

そこに、その当時はトヨタやＪＲとは比較にならないほどの企業規模だった京セラも名乗りを上げたのです。当初は、京セラが名乗りを上げること自体にも疑問を持った人たちもいましたが、稲盛さんには大義がありました。もちろん、１０００億円もの損失を覚悟しないといけないほどの投資は、当時の京セラには大きな投資ですが、万一それに失敗しても、屋台骨を揺るがすほどの規模ではないことが前提でした。

その後、生き残ったのが京セラの設立した第二電電（現ＫＤＤＩ）であることを考えれば、大義名分に基づいた経営姿勢が差別化を明確にし、利用客から選ばれたのだと思います。もちろん、他の2社にも大義名分がありましたが、稲盛さんが考えた第二電電の設立趣旨は、「長距離電話料金が安くなれば、国民のためになる」というものでした。そして、この「安価な通信料金を実現し、国民の方々に喜んでもらおう」（『経営12カ条』）という意義を従業員が心から理解し、強い熱意を持って営業活動などにあたったことが成功の大きな要因になったと考えられます。

その後、第二電電は、日本移動通信、ＫＤＤ（国際電信電話）と合併し、今のＫＤＤＩとなったわけです。

しかし、先にも述べたように、稲盛さんは第二電電設立に際して、個人的には株式を持ちませんでした。創業者利得を得ようとしなかったわけです。「動機善なりや、私心なかりしかどうか」を自らに問うた結果でした。

「教える」と「伝える」の違い――「意味」と「意識」

経営者が高い志や目的を持ち、大義名分が十分にある事業を行っても、それがなかなか部下には伝わらないのも実情です。当社でも、朝礼でその日の当番が、当社の存在意義や行動指針を毎朝読んでいます。創業以来もう28年になりますが、毎朝行っています。それでも十分に伝わっていないと感じることがあります。私もことあるごとに存在意義や行動指針を話しています。

頭では分かっていても、なかなか心で理解し、心からそうしようと思うことは難しいものなのです。

違う言い方をすれば、「意味」は頭では分かりますが、「意識」のレベルにはなかなか達しないものです。意味は「教える」ものですが、意識は「伝える」ものだということができます。**「意味」と「意識」の両方が伝わってこそ、本当に人は動くのです。**

それが真のコミュニケーションです。

伝わるためには、まず、リーダーがそれを信じることが大切です。「金儲けのための方便」で高い志や目的を話していても、もちろん伝わりません。リーダーが「指揮官先頭」でそれを自ら実行、実践しない限り部下はついてきません。部下はよく見ているものです。

そして、それをことあるごとに話さなければなりません。会議の場や何かイベントを行う際にも話すのです。やろうとしていることが、自社の使命、目的や行動指針に合っているかどうかということを話すのです。

稲盛さんもそうでした。「フィロソフィ」という自社の考え方を示した文章で示すとともに、それを行動指針のベースとして行動する。それとともに、「コンパ」を開き、お酒で少しリラックスした席でも、考え方を説明するのです。

以前お世話になったスコラ・コンサルトの柴田昌治代表は「気楽にまじめな話をする場が必要」とおっしゃっていました。会議は気楽でなくまじめな話をする場です。

通常の飲み会は、気楽ですがまじめでない話をする場という場合が多いのです。それをコンパなどの飲み会の一部を利用し、気楽でまじめな話をし、「意識」を伝えるまめな努力を稲盛さんはされていたのだと思います。

「お客さま第一」との関係──『京セラフィロソフィ』を読み解く

ここで1つとても大切なお話をしておきます。経営の大原則である「お客さま第一」についてです。

稲盛さんの本を読んでいると、先ほども説明した事例との関係で、会社の存在意義は「働く人の物心両面の幸せを実現すること」だというふうに感じる人もいるかもしれません。そしてそれがとにかく第一だというふうにです。私は、「お客さま第一」と関連して、そう解釈することに結構違和感を持っていました。ドラッカー先生が言うまでもなく、「会社の一義的な存在意義は会社の外部にある」と信じているからです。

いくら優秀な従業員がいて、彼らが高い忠誠心を持っていたとしても、お客さまに満足いただき、お客さまから利益を得ない限り、会社は成り立たず、存続もできません。これに関してドラッカー先生は、「企業は、その目的が顧客を創造することであるがゆえに、二つの、いや二つだけの基本的な機能をもっている。それはマーケティングとイノベーションである。マーケティングとイノベーションだけが成果を生む。その他の機能はみな、〝コスト〟だけしか生まない」とまで言っています。徹底的な顧客志向、外部志向です。

そこで、私のこの疑問を解くために、稲盛さんの本を注意深く読んでみました。稲盛さんの本の中には、稲盛さんの講演録などから出版社が書き起こした本も少なくないと思います。私も１６０冊ほどの本を出している経験から、そのことはよく分かります。もちろん、どんな本にせよ、稲盛さんの名前で出されている本は、稲盛さんご本人や稲盛さんに近いスタッフが十分に目を通していると思いますが、おそらく、稲盛さんの考え方が最も正しく表されているのは『京セラフィロソフィ』ではないかと考え、その本を丁寧に読んでみました。

そうすると、まず京セラの存在意義として、「全従業員の物心両面の幸福を追求すると同時に、人類、社会の進歩発展に貢献すること」とあります。働く人の物心両面の幸福の実現と「同時に」人類、社会の発展に貢献するということです。この人類、社会への貢献の最大の手段は、お客さまに良質な商品やサービス提供することによってですから「お客さま第一」と同じことです。

とくに京セラでは、稲盛さんがおっしゃるように「手の切れるような製品」を作ることを目指しているわけですから「お客さま第一」そのものです。

また、『京セラフィロソフィ』には、「お客様第一主義を貫く」という項目があり、次のように記載されています。（一部を抜粋）

「自主独立とは、お客様が望まれるような価値をもった製品を次々と生み出していくということです。ですからその分野においてはお客様より進んだ技術をもつ必要があります。進んだ技術で、納期・品質・価格・新製品開発等のすべてにわたってお客様の満足を得なければなりません。

お客様のニーズに対して、今までの概念をくつがえして、徹底的にチャレンジしていくという姿勢が要求されます。お客様に喜んでいただくことは商いの基本であり、そうでなければ利益を上げ続けることはできません」

とあります。

さらには、同じ項で京セラが創業以来ただの一度も赤字経営になったことがないのは、「常にお客様優先で、お客様に喜んでいただくことに全社を挙げて努力してきた結果であろうと思っています」と記されています。

盛和塾への熱心な参加者のひとりである愛生館（小林記念病院）の小林清彦理事長に、お客さま第一について聞いたことがあります。「**幸せになるには順番がある。ま**

ず、**相手を良くすることが優先する**」ということが稲盛さんのお考えだということです。これは仏教の利他の心そのものです。

小林さんは稲盛さんから仏教説話を聞いたことがあるそうです。自分の口に入れるには長すぎるお箸を持っていて、そのお箸では自分は食べることができない場合、まず、食べ物を相手の口に入れてあげると、次に相手もその長いお箸で自分の口に食べ物を入れてくれるというお話です。

私も師匠の藤本幸邦老師からこの話を聞いたことがあります。利他を行うことで、自分も利することができるということです。お客さまに喜んでいただくことで自社も利することができるということなのです。

もちろん、ビジネスの世界でお客さまを利するためには刻々と変化する環境に対応するということも含まれることは言うまでもありません。

企業が社会に貢献するための3つの役割

ピーター・ドラッカー先生は、企業が社会に貢献するために経営者が遂行しなければならない役割として、次の３つを挙げています。

① 自らの組織に特有の使命を果たす。
② 仕事を通じて働く人たちを生かす。
③ 自らが社会に与える影響を処理するとともに、社会の問題について貢献する。

（『マネジメント［エッセンシャル版］』ダイヤモンド社）

そして、「以上、三つの課題は、つねに同一時点で同一の経営行為によって果たされねばならない」とも述べています。つまり同一線上で考えるべきことということです。

「特有の使命」ということは、マーケティング的に説明すると分かりやすいと思います。マーケティングでは「ＱＰＳ」という考え方があります。Quality、Price、Serviceの頭文字です。お客さまは、この「ＱＰＳ」を見比べて、Ａ社の商品を買うか、Ｂ社にするかを決めます。相対的に良いほうを選ぶわけです。

Quality（クオリティ）は商品の品質です。商品そのものと言ってもかまいません。Price（プライス）は価格です。Service（サービス）については少し説明が必要です。私たちコンサルティング業では、コンサルティングや研修のサービスを提供してお金をいただいていますが、お金をいただくサービスはQualityに属します。機械のメンテナンスや医療サービスも、お金をいただくものはQualityにあたります。マーケティングでいうServiceとは、お金をもらわないものすべてを指します。「その他のＳ」だと考えてもいいでしょう。

分かりやすい例で説明すると、皆さんはコンビニへ行くときに近いところを選ぶと思います。そして、コンビニが近いことに対してお金を支払っている人はいないでしょう。これはServiceに属します。また、お店の近さだけではなく、店員さんの態度や店の美しさなど、お金を支払わない要素はすべてServiceです。

このＱＰＳで差別化することが、特有の使命を果たすことの第一です。他社が出せない Quality でもかまわないし、安さで勝負でもかまいません。また、ＱとＰは他社と変わらないけれども、山の中に一軒しかないお店というのも特有の使命を果たしています。さらには、これはＳに入るでしょうが、障碍のある方たちですべて栽培している農作物を作っている会社というのも、特有の使命を果たしているといえます。

いずれにせよ、企業が存続、永続するためには、その時々で「特有の目的（存在意義）を持ち、その使命を果たす」ことが必要です。そうでなければ、じり貧となり、消滅してしまうかもしれません。

次にドラッカー先生の言う「仕事を通じて働く人たちを生かす」ですが、これは、私は「働く人を生かし、働きがいを与え、幸せにする」というふうに解釈しています。

ここでもう少し深く説明しておきますが、私が考える、会社が働く人に与えられる幸せは2つあります。①働く幸せと、②経済的幸せです。この順番が大切です。

まず、働くことそのものの幸せ、つまり、働きがいです。これを感じない限り、良い仕事はできません。逆に、働きがいを感じている人たちはとてもよく働きますし、ストレスも溜まりにくいものです。私の親しいお客さまの従業員の中には結構厳しい現場仕事をしているにもかかわらず、「朝が早く来ないかな」とか、中には「会社に行くほうがディズニーランドに行くより楽しい」という人たちがいますが、働くことによって働きがいや生きがいを感じているからです。

だからと言って、経済的な幸せを与えなくていいというものではありません。しっかり働いてくれる人たちには、相応の経済的な幸せを提供するのも会社の責務です。

3つ目の「自らが社会に与える影響を処理するとともに、社会の問題について貢献する」とはこういうことです。企業はその活動により、社会に良い意味でも悪い意味でもインパクトを与えていますが、とくに公害や事故などの悪い影響を除去するとともに、地域活動などでさらに社会に貢献することが求められるということです。ある意味、ＳＤＧｓのことだと考えれば分かりやすいと思います。

ここで皆さんにご理解いただきたいことを要約すると、「お客さま第一」を本当に実践していれば、マーケティング的には独自の「ＱＰＳ」を提供することで「特有の使命」を果たすことになります。

また、同時に「お客さま第一」で、お客さまに喜んでいただくことにより、働く人が働きがいを感じ、活き活きと働いてもらうことができます。つまり、その結果、生産性が上がり、達成意欲や働きがいを与えることになるわけです。これでお分かりのように、「お客さま第一」こそがすべての原点で、お客さま第一を実践することで、お客さまも喜び、働く人も働きがいを感じられるということなのです。ドラッカー先生が「つねに同一時点で同一の経営行為によって果たされねばならない」と言っているのはそういうことだと私は解釈しています。

「お客さま第一」ということに関連して、私は「良い仕事」というお話をよくします。私は「良い仕事」の定義として、**「お客さまが喜ぶこと」「働く仲間が喜ぶこと」「工夫」の3つ**を挙げています。

私は良い仕事とは「お客さま第一」が絶対だと思っていました。だから、お客さまが喜ぶことをしなければならないという考えは元々持っていました。ところが時々、「私は社内で経理をやっていてお客さまに直接お会いしないので、『お客さま第一』という感覚がよく分かりません」という人がいるのです。その話を聞いて思ったのが、会社全体としてはチームとして「お客さま第一」が欠かせないのですが、個々の従業員の間では「働く仲間をサポートする」ということも大事なのではないかということです。そこで、「働く仲間が喜ぶこと」という項目を良い仕事の2つ目に入れました。お客さまに直接接しない人たちにも働きがいを感じてほしいと思ったのです。

３つ目の「工夫」は、お客さまや働く仲間に喜んでもらうことを、より良く、より早くやることです。その「良い仕事」を追求することが、お客さま、働く仲間に喜ばれることを通じて、お客さまから見た価値を高め、働きがいを高めることとなると私は信じています。

「良い仕事」をして「良い会社」を作る

この３つに共通しているのは「**小さな行動**」ということです。私には持論があります。空手とか剣道、茶道とか華道のように「道」がつくものは、考え方から入るのではなく、すべて型から入ります。小さな行動も型です。そういう型を確立すると、結果として、良い会社になるわけです。だから、「良い仕事をして、良い会社を作る」というのはセットになっています。「良い仕事」の結果が「良い会社」なのです。お客さまが喜ぶこと、働く仲間が喜ぶこと、そして、それらをより良く、より早くする工夫をすること。そんな小さな行動を通じて良い会社を作るのです。

良い会社にも3つの定義があります。1つ目は、お客さまに良い商品やサービスを提供して喜んでいただき、社会に貢献する会社です。2つ目は、働く人が幸せな会社です。3つ目は、高収益な会社です。良い仕事をした結果として、そういう良い会社を作るのです。

ここにある高収益には具体的に基準があります。それは、付加価値の2割の営業利益を出すということです。付加価値とは売上高から仕入高あるいは原材料費を引いたものですが、その2割の営業利益を出すというのが私の考える良い会社の定義です。

稲盛さんは「売上高の1割の営業利益」と述べておられます。一般的な企業であればこの基準でも大丈夫ですが、付加価値率が高い、あるいは逆に、極めて低い企業では、このルールに当てはまらないところもあります。当社のようなコンサルティング会社では、付加価値率はほぼ100%なので、売上高の1割の営業利益を上げるのはそれほど難しくありません。一方、卸売業などの場合には、付加価値率（粗利率）は結構低く、売上高の１割の営業利益を上げるのは至難の業です。そこで私は、すべての業種に適用できるように「付加価値の２割の営業利益」という基準を使っています。

ただし、**「付加価値の２割の営業利益」**にも条件があります。給料を下げれば営業利益は上がりますが、これでは意味がありません。だから、一倉定先生は「同じ地域の同業他社より１割高い給料を払うべき」と言われていましたが、これが大前提です。それに加えてもう１つ、私は「一生かけて働いてくれる幹部には年収を最低でも１０００万円払ってください」と言っています。この２つの条件を前提として、付加価値の２割の営業利益を出してくださいとお願いしています。

先にも述べたように、働く人が幸せを感じるのは、２つの要件があります。１番目は働く幸せ、働きがいがあることです。そして２番目は経済的幸せです。この順番は絶対に間違ってはいけません。働きがいがまず一番なのです。大企業の中には、経済的幸せが一番だと思っている人たちが結構いますが、そんな会社を作ると自己中心的な社員が増えて、「金の切れ目が縁の切れ目」になりかねません。もちろん、働きがいが上で、給料は安くてもいいと言っているわけではありません。最終的には今言った2つの基準の給料をしっかり払って、経済的幸せも実現しなければなりません。

これが私の経営の基本的な考え方です。良い仕事の3つの定義と良い会社の3つの条件を満たすことによって経営は成功すると私は考えています。

一番長く続く組織とは——松下幸之助さんが理念に目覚めたとき

第1章では、高い志や目的（＝なんのために会社が存在しているか）の重要性を述べながら、稲盛さんの考え方や、それに関連するドラッカー先生や私の経営についての考え方を説明してきました。

この章の最後に、志や目的の大切さについて、別の視点からお話をしておきましょう。

皆さんは、一番長く続く組織はなんだと思いますか。当社のお客さまの中に、京都の傳來《でんらい》工房さんがあります。皇居二重橋の欄干など特殊な鋳物を作っている会社で、平安時代から１２００年間事業を行っています。また、３００年以上続いている宇都宮の青源《あおげん》味噌さんなどもお客さまですが、企業が１００年以上続くのはなかなか難しいことです。

しかし、**１０００年、２０００年ざらに続く組織があります。それは宗教団体です。**失礼な言い方ですが、１００年、２００年程度では新興宗教です。宗教団体は信者にお金を配りません。むしろ、もらう一方です。それでも長く続きます。それはなぜかというと、幸せに生きる「考え方」や崇高な理念があるからです。つまり、信者や人類を救うという基本的な考え方があるのです。

松下幸之助さんが友人に連れられて天理教の本部を訪問した際に、信者の人たちが熱心に普請をしたり、お掃除をしているのを見て、松下さんは不思議に思いました。そして、信者の人たちが、信心のために、つまり神さまのために奉仕することを通じて世の中をよくするということのために、熱心に奉仕しているということに気づいたときに、理念や考え方の大切さに目覚めたと言われています。

それからは自社がなんのために存在しているかということについての考え方を深め、創業（大正7年）から相当経った昭和7年に理念に目覚めたということで、わざわざその年を創業の年（「命知元年」）というふうに考えられたということです。自社の事業について強い信念を持たれたのです。

大義名分のある存在意義を見出し、それを心から信じ、実践していくのはなかなか難しいことです。稲盛さんのように若い従業員の反抗などのような状況から目覚めることもあるでしょうし、ある程度成功したあとに生き方を勉強するなどして、あるいは自然に、「欲のレベルを高める」ことで志が高まることもあるでしょう。

私は、これまで多くの企業や経営者を見てきましたが、やはり長期間成功を続けている企業や経営者には、「自社の仕事を通じて世の中を良くする」「働く人を幸せにする」などの大義のある志や目的があります。そして、その両者を同時に成り立たせるのが、この章でも何度も説明したように「お客さま第一」ということなのです。

〈事例〉小林記念病院と「フィロソフィ」

愛知県碧南《へきなん》市に本部がある愛生館グループは、小林記念病院を中核に、老人施設やこども園などを運営しています。3代目理事長の小林清彦さんは、お父上の武彦さんとともども盛和塾の塾生でした。ただし、お父上に言われて入塾したわけではなくて、経営者として何を学べばよいか悩んでいた時期に盛和塾の存在を知り、自らの希望で入塾したそうです。

先代の小林武彦理事長は、稲盛さんの考え方を勉強し、病院の基本的な考え方を「愛生館フィロソフィ」としてまとめました。最初はなかなか受け入れられなかったようですが、徐々に浸透していくにつれて病院経営がうまくいくようになりました。その経緯を盛和塾の全国大会で発表したところ1位を取ったのです。

現在の小林理事長が初めて稲盛さんに会ったのは2006年のことで、最初は人の良い優しそうな方という印象だったそうです。しかし、一緒に写真を撮ってもらおうとして、ちょっとモタモタしていたら、「どれだけ待たせるんだ。他の人のことを考えろ」と厳しく叱られたというのです。

私は、成功する人にはいくつかの共通項があると思っています。その1つはせっかちなこと、もう1つは優しさと怖さの両極端を持っていることです。稲盛さんはこの2つとも持っておられたようです。

松下幸之助さんもそういう方だったそうです。二十年以上も前になりますが、松下さんと一緒に仕事をしていた方にお会いして、お話を伺ったことがあります。その人は「松下幸之助さんは怖いけれど優しい人だった」と言って、実際にあった話をしてくれました。

ある部長さんが失敗をして、松下さんの執務室に呼ばれたそうです。相手は経営の神様であり、松下電器の中での神様ですから、部長さんはすごく緊張していました。松下さんは烈火のごとく怒る人だったそうですが、その部長さんは叱られて気絶をしてしまい、部屋から運び出されました。すると松下さんはすぐに秘書を呼んで、「部長の家の電話番号を教えろ」と言い、自ら電話をかけました。そして電話に出た奥さんに「今日、お宅のご主人はしょげて帰って来ると思うけれど、お銚子の2本でも3本でも夕ご飯につけておくように」と指示をしたというのです。

私の人生の師匠の藤本幸邦老師も厳しさと優しさの両面をお持ちでした。怒るときは結構怒りましたが、本質的にはとても優しい方でした。

小林理事長は当社の後継者ゼミナールの出身なので、私も何度か病院に行ったことがあります。小林記念病院のような中規模の病院は、今、減少の風にさらされていきます。そんな中、各種の老人施設の運営なども含めて、規模を拡大していっています。

小林記念病院ではアメーバ経営を導入しています。厳格にいうと稲盛さんのアメーバ経営とは少し違うようですが、できるだけ小さな単位でグループ化して、それぞれが採算を考えて、目の前のことすべてを「我がこととして考えられる人を作る」ことを大前提にしているということです。

仕事というものを自分の責任だと感じてくれる人がどれだけいるかは、会社の存亡を決める大きな要素です。自分の責任だと思って仕事をしてくれる人と、与えられた仕事を右から左にやるだけの人では、仕事の質も違ってきます。そのことを分かってもらうために、できるだけ小集団で採算を考えたり、工夫をしてもらっていると小林理事長は話していました。

アメーバ経営では、自分が直接仕事の結果に関与する部分が大きくなるため、責任というものに対する意識も育っていくということでしょう。

第2章

考え方の大切さ

人生・仕事の結果＝考え方×熱意×能力

よく知られているように、稲盛和夫さんには成功方程式と言われるものがあります。それは「**人生・仕事の結果＝考え方×熱意×能力**」で表されます。人生や仕事の成功は、考え方と熱意と能力の掛け算によって決まるというのです。この方程式の特徴は、熱意と能力は0点から100点までですが、考え方にはマイナス100点からプラス100点まであるというところにあります。

人生において成功するためには熱意と能力が欠かせませんが、熱意と能力がいくら高くても、考え方が正しくなければすべてがマイナスになってしまうのです。むしろ、考え方がマイナスの人は、熱意と能力が高いほど、逆に成功から大きく離れてしまうわけです。

では、プラス点になる正しい考え方とは何かというと、第1章でもふれたように、お金を儲けて贅沢をしたいというような私利私欲ではなく、お客さま、働く仲間、社会に貢献しようといった、より高い欲を持って働くということです。

さらに言えば、このプラスになる考え方とは、「**何千年もの間、多くの人が正しいと言ってきたこと**」です。日本であれば、仏教や儒教が教える考え方がそれにあたると思います。もちろんキリスト教でもかまいません。その基本的な考え方をしっかり勉強することは、とても大事なことです。

この点で私がラッキーだったのは、35歳のときに師匠である藤本幸邦老師にお会いしたことです。藤本老師は、イエローハット創業者の鍵山秀三郎さんの師匠でもありますが、本当にいろんなことを教えてくださいました。藤本老師と出会う前、私は銀行員をしていました。当時、肌の合わない上司がいて、人生に悩んだことがありました。そのときに仏教の本や『論語』をはじめとする儒教の本をむさぼり読んで、「生き方」について考えました。それらの本も含めて、いろんな方に生き方について教えていただきました。それが今、経営コンサルタントとしてある程度やっていけている基本になっています。

もちろん、若いころに銀行からアメリカに留学させてもらった経験なども知識のベースにはあります。しかし、知識は本を読めば書いてありますし、ある程度の地位になると知識や技は部下がカバーしてくれます。コンサルタントを雇うなどお金で買うこともできます。しかし、しっかりとした考え方を持つには、コツコツ自分で勉強するしかありません。勉強を怠って人間としての土台ができていないと、経営や人生は決してうまくいきません。

それについてもう少しお話ししますと、27年前にコンサルタントとして独立するとき、私は2人の本を徹底的に読みました。ひとりはピーター・ドラッカー先生です。ご存じのように、ドラッカー先生はマネジメントという考え方の基礎を作った方です。もうひとりは松下幸之助さんです。私が最初に松下さんの本を読もうと思ったのは、20世紀に最も成功された経営者だからです。松下さんの本を読めば、成功する経営のコツが分かるのではないかと思って読み始めたのです。それ以来、松下さんの本はほとんど読んでいますが、私が当初期待したような経営のコツといった話はほとんど出てきません。

私は、東京の自宅にいるときは、就寝前に必ず松下さんの『道をひらく』を読みます。この本には１２１の短い文章が収められています。そのうちの２つか３つを読んでから寝るということを続けて、今年32年目に入っています。

そこで分かったのは、大事なのは考え方だということです。経営に成功するためには、もちろん技の部分もなくはないけれど、それよりも正しい考え方をどれだけ持てるかどうかなのだということに気がつきました。そういう「考え方をベースに経営する」ことを実践されて、最も成功されたひとりが稲盛和夫さんなのではないかと、私は考えています。

『論語と算盤《そろばん》』で知られる渋沢栄一翁も、儒教の考え方に基づいてビジネスを成功させました。渋沢翁は５００の営利法人と６００の非営利法人をことごとく成功させたと言われていますが、それも当然の話です。『論語』に基づく渋沢翁の基本的な考え方は、「かくあるべし」というものばかりで、それはそのまま成功するための考え方だからです。

『論語』や仏教、キリスト教の考え方は「何千年もの間、多くの人が正しいと言ってきたこと」そのものです。それを学ぶことは、ビジネスに限らず、人間として成功する根本だと私は考えています。稲盛和夫さんが実践されたのも、そういうことだったと思います。

「正しい努力」を積み重ねる

当社の会員向けセミナーでは、いつも「3つのことを勉強してください」とお願いしています。

1つ目は、「新聞の大きな記事は必ず読んでください」ということです。一面のトップ記事から全部の文章を読むのは難しいかもしれませんが、リード文がついているような大きな記事はリード文だけでもいいから読んでくださいと言っています。なぜかというと、世の中の動きを知らないと経営ができないからです。「会社」という字は「社会」という字の反対ですが、社会の動きを知るということが会社の経営には欠かせないのです。

2つ目は、「経営の原理原則を勉強してください」ということです。「はじめに」にも書きましたが、経営には原理原則があります。ゴルフでも真っすぐに飛ばすためには原理原則にかなった打ち方が求められますが、経営も同じです。原理原則を勉強しなければ決して成功はできません（お薦めは、柳井正さんの『経営者になるためのノート』〈PHP研究所〉という本です。本質をとても分かりやすく説明しています。私の本なら『経営者の教科書』〈ダイヤモンド社〉が分かりやすいと思います）。

そして3つ目が、今お話しした「何千年もの間、多くの人が正しいと言ってきたことを勉強してください」ということです。人間として何が正しいかということを勉強しなくてはいけません。

それと同時に、新聞を読むのも、経営の原理原則を勉強するのも、成功するための

「正しい努力の積み重ね」だという話をよくします。

ここには「正しい努力」と「積み重ね」という2つのキーワードがあります。「正しい努力」とは、たとえばプロのサッカー選手を目指している人が毎日10時間必死に卓球を練習してもサッカー選手として結果が出ないように、経営者として成功したければ、経営者としてなすべき正しい努力を知らないといけません。「正しい努力とは何か」を経営者に教えてさしあげることは、我々コンサルタントの大きな仕事でもあります。

次に、「正しい努力」が何かを知ったら、それを積み重ねる。たとえば、1枚のコピー用紙の厚さは0・1ミリあるかないかですが、それを積み重ねると分厚くなります。これと同じように、正しい努力を経営者自身がどれだけ積み重ねることができるかどうかで成功できるかどうかが決まるのです。私が就寝前に『道をひらく』を毎日

読んでいるというのも、積み重ねです。

「何千年もの間、多くの人が正しいと言ってきたこと」を理解するためには、この積み重ねが必要です。しかし、『論語』や仏教の本を難しく感じる人は多いと思います。そういうときには、稲盛さんの本か松下さんの本を読んでくださいとお願いしています。稲盛さんは得度をされていますし、松下さんも仏教や儒教の考え方を非常によく理解されているので、彼らの本を読めば、基本的な考え方を学ぶことができます。

もっと勉強したいという人には、安岡正篤《まさひろ》先生の本を薦めています。私も関わっている大手の会社で、安岡先生のお孫さんの安岡定子さんから教育を受けている会社があります。安岡先生の本はとても良いと思います。

本が良いのは、人間と違ってぶれないからです。もちろん、信頼できる師匠がいて、その教えをいただいてぶれないのが一番良いのですが、稲盛さんや松下さんのような立派な人はなかなかいません。だから私は、「生きている方より亡くなった方を相手にしたほうがいい」と言っています。つまり、本で学びなさいということです。ただし、刺激としては生きている人から学ぶほうが大きいので、人から学ぶことも大いに結構です。

いずれにしても、プラス点になる考え方を「正しい努力の積み重ね」で勉強し続けて、基準になるものを持つ。そして、そうやって培った動かない基準に照らして自分の考え方をチェックする。これがとても大事です。

長所を生かす――松下幸之助さんの「長所7割、短所3割」

経営には3つの定義があることは先に少し触れました。1つは「企業の方向付け」。2つ目は「資源の最適配分」、つまり人・物・金をどう配分するかということ。そして3つ目は「人を動かす」ということです。この「企業の方向付け」「資源の最適配分」「人を動かす」という3つを行うのが経営なのです。

その中でも、私はこれまでの経験から「企業の方向付け」が経営の8割を決めると考えています。経営とは、「何をやるか、何をやめるか」を判断することといっていいでしょう。そのためには、先に挙げた「新聞を読んで世の中の動きを知る」「経営の原理原則を知る」「何千年もの間、多くの人が正しいと言ってきたことを勉強する」ことを積み重ねることが大事です。これによって、企業としての正しい方向付けができるからです。

また、「資源の最適配分」には、２つの原則があります。その１つは「**長所を生かす**」ということです。人も物も金も、長所を生かさなくてはいけません。サッカーなどでチームの監督が変わると、メンバーはそれほど変わらないのに結果が変わってくることがよくあります。あれは新しく監督になった人が、メンバーの良いところをうまく生かしたからです。

ドラッカー先生も「長所を生かす」ことの大切さを強調しています。「成果をあげるには、人の強みを生かさなければならない。弱みからは何も生まれない。結果を生むには利用できる限りの強み、すなわち同僚の強み、上司の強み、自らの強みを動員しなければならない」（『経営者の条件』ダイヤモンド社）と述べておられます。

松下幸之助さんは、人を見るときのコツを「長所7割、短所3割」とおっしゃいました。人の良いところを見て、それを使いなさいと言われているのです。ただ、松下さんは短所も3割はきちんと見なさいとおっしゃっています。そしてここは多くの人がうまくいかないところです。というのは、どうしても短所を見ると矯正しようとしてしまうからです。

もちろん、挨拶ができないというような基本的に足りていない部分は矯正しなければならないでしょう。しかし、短所を矯正しても普通になるだけです。チームとひとりの違いとは、ひとりでは自分の短所をカバーできないけれど、チームではカバーができるということです。だから、それぞれの長所を伸ばしながら、短所はみんなでカバーすればいいのです。松下さんが短所をきちんと見なさいといっているのは、短所をどう補うかを考えなさいということです。

たとえば、営業は得意だけれど、報告書を書くのは苦手という人がよくいます。中小企業などではそういう人に対して周りがやっかんで、「彼は報告書を書きません」と社長に言いつけたりします。すると凡庸な社長は、その人を呼びつけて「誰かに書き方を習って来い」といいます。しかし、仕事ができる社長はそんなことは言いません。どうするかというと、営業が得意な社員と、報告書を書くのはうまいけれど営業は苦手という社員と組ませるのです。そうやってお互いの長所を生かして短所を補い合うのです。これが「**長所を生かす**」ということです。松下さんは「おたがいに周りの人の長所と欠点とを素直な心でよく理解しておくことである。そして、その長所を、できるかぎり発揮させてあげるように、またその短所をできるかぎり補ってあげるように、暖かい心で最善の心くばりをするということである」と『道をひらく』に書いておられます。

「長所を生かす」ための大きなポイントは、「**人を心から褒めることができるかどうか**」ということです。人を褒めることができる人は、人の長所をよく見ているから褒めることができるのです。これとは反対に、人をけなしてばかりの人は、人の短所ばかり見ています。経営者たちも、従業員も、それから世の中も、他人の良いところばかり見るようになれば、大体うまくいきます。

人の悪いところばかりを見て文句を言っている人は、もちろん悪いところは注意してやらなければいけませんが、原則としては、足りないところを指摘するのではなく、良いところを見て生かすことに重きを置くべきです。これが「資源の最適配分」の1つ目の原則です。

義と利——自分の利己心に気づかない経営者

「資源の最適配分」においてさらに重要なのは、経営者が公私混同をしないということです。稲盛さんはリーダーが意思決定する際には、**「動機善なりや、私心なかりしかどうか」**と言っておられます。

企業の大小を問わず、社長になると、ある程度、自分の好き勝手にできるようになります。すると、どうしても公私混同するようになります。昨年、元官僚で上場会社の社長が女性コンパニオンを集めて混浴をしていたとかでインターネットを騒がせました。それは接待であるとして全額経費で落としたというのですから呆れるばかりです。よほど生き方の勉強をしてこなかったのだろうとしか思えません。

ここまでひどくなくても、中小企業の社長の中には、会社の車に乗ってプライベートでゴルフ行ったり、家族旅行をしたりするのが当たり前だと思っている人がいます。それを会社の経費で落としている人までいます。そういう社長には、「それは業務上横領ですよ」と注意をします。そして「なんで捕まらないか分かりますか」と聞きます。日産自動車のカルロス・ゴーンは会社のものを私物化して捕まりましたが、中小企業の社長は捕まらない。それは「あなたたちは小物だから捕まらない。警察もそこまで暇じゃないんです」と厳しく言っています。

そういう公私混同をする経営者がいると、私は「**部下が同じことをやっても許せま**

すか」と尋ねます。時間の使い方にしても、お金の使い方にしても、人事異動にしても、部下が同じことをやったときに許せるかどうか。これが行動の基準になるのです。自らの行動を「部下が同じことをやっても許せるか」という基準に照らして考えればいいのです。

中には、会社の営業車を社員がプライベートで使うことを許している会社もあります。それはそれで結構です。でも、ほとんどの会社はそんなことは許しません。それなのに社長だからといって好き勝手に使うのはおかしな話です。社長は自分で自分を律するルールを持たなければいけません。

こういうことは誰も注意してくれないからです。とくに部下は何も言わないでしょう。しかし、「こんなバカ社長の下で働いていても先はない」と、能力のある社員は次々に辞めていきます。その結果、他社には行けない人ばかりが残ります。ぶら下がり社長の下にぶら下がり社員がいるのですから、会社の業績が上がらないのは至極当然です。

こんな話を講演などですると、嫌な顔をして聞いている社長がいます。そういうときは抜け道を作ってあげるのも私の仕事です。そこで、「車を２台持てばいいじゃないですか」という話をします。会社の車をプライベートで使っているような社長は、公私混同しているから儲からないのです。だから車を２台持って、自分で買ったプライベート用と会社で費用を負担する業務用とで分ければいいのです。ベンツが欲しければベンツに乗ればいいでしょう。

ただ、経営者が公私混同をしている会社はおおむね業績が悪いので、車を１台しか持てないというのが実情でしょう。そういう場合は、購入費用の１割、維持費の１割を自分で払いなさいとアドバイスしています。私たちのお客さまにも、車は２台持てないけれど、購入費用の１割、維持費の１割をしっかり払っている人がいます。

私は、仕事にも使うことのある車は自分のお小遣いで買いました。ガソリン代も自分で払っているので、誰に文句を言われる筋合いもありません。ただ、仕事で使うときにコインパーキングの駐車場代だけは会社から出してもらっています。

経営者は、少しでも疑義が持たれると思えば全部自分で払うという気持ちが必要です。良い会社を作れば給料をたくさん取れます。社長が良い会社を作って自分たちの給料が上がれば、社長が給料をたくさん取ることに文句を言う従業員はいません。でも、公私混同をしている社長は、裏でぼろくそに言われています。従業員はみんな「社長がプライベートでゴルフに行くときの車の代金やガソリン代をなんで会社が払わなければいけないんだ」と思っています。それを言わないのは、転職できないからです。だから、代わりに言ってあげる。それが私の仕事です。

車が欲しければ、本当に良い会社を作ってたくさん給料を取って5台でも10台でも自分で買えばいいのです。私は贅沢をするなとは一言も言っていません。問題なのは、公私混同していることが私利私欲であることに気がつかずに、自分の都合の良いように考える経営者が多いことなのです。

最近の話ですが、借金を多くしている会社の社長が高級リゾートの会員権を買いました。私は呆れて「即、売ってください」と言いました。そのときに、どうしてそんなものを買ったのかと聞くと、その社長は「同業者が買っていますから」という理由にもならない理由を持ち出しました。でも、本人は悪いと思っていないのです。

どうしてかと考えていて分かったことがあります。借金まみれの会社の社長が高いリゾート会員権を買うというのは、物欲教に洗脳されているのです。だから、本人は悪いと思っていないのです。安倍元首相が銃撃されて亡くなってから旧統一教会の問題がクローズアップされました。安倍さんを銃撃した犯人は筋違いですし、決して許されるべきことではないのですが、容疑者の母親がお金がないのに借金をして１億円も寄付したというような、普通では考えられないことが起こっていることが明らかにされました。洗脳されているから、そんなあり得ないことをしてしまうのでしょう。本人はおかしいと思っていないのです。安倍さんを射殺した容疑者の母親も、改心したという話は聞こえてきません。

だから私は、最近のセミナーで「同じ洗脳されるのだったら、物欲教ではなくて、何千年もの間、多くの人が正しいと言ってきたことを信じてください。そうすれば自然に成功しますよ」ということを話します。どうせなら成功の法則に洗脳されてくださいというわけです。稲盛さんもそうだったと思います。そういう環境の中に自分を置かなければいけません。「同業者が買っていますから」というのは理由になりません。そんな同業者も一緒にうまくいかなくなるのです。世の中はそんなに甘いものではありません。

愛国心教育とともに失われたリーダーシップ教育

しかし、そこまで言っても分からない人がいます。結構、熱心に私のセミナーに来ているのに分からないのです。稲盛さんの盛和塾の会員さんのインタビューを読むと、やはり最初は分からなかったと言っています。成功した人でも「8年、10年通ってやっと分かるようになりました」というのです。

渋沢栄一翁は「先義後利」という考え方を貫きました。「義」とは正義の「義」ですが、私はこれを「全体のことを考える」と解釈しています。「全体のことを先にして、自分の利は後にする」という考え方です。また、「義を先にすれば、利は後からついてくる」という解釈もできます。これは「何千年もの間、多くの人が正しいと言ってきたこと」なのです。それをきちんと理解していないと、「正しい志」も「正しい目的」も「会社の使命」も出てきません。

それが分からないから、少なくない経営者たちは、自分の「利」ばかり考えるのです。人間は放っておくと利を追い求めますから、どうしても「金、金、金」という拝金主義になってしまうのです。渋沢翁の「先義後利」という考え方が失われてしまっています。

よく指摘されるように、この30年間、日本は成長していません。ドルベースで見たらむしろ名目ＧＤＰは下がっています。バブルの崩壊、冷戦構造が崩壊というような理由も確かにあると思いますが、それ以上に戦前の教育をきちんと受けた人たちが引退したことが大きいのではないかと私は考えています。社会学者ではないので証明はできませんが、１９４５年に20歳ぐらいまでの人は戦前の教育をきちんと受けていたでしょう。そして１９９０年ぐらいからバブルが崩壊した後、全く成長していないわけです。それは、戦前の教育をきちんと受けていた人たちが65歳前後となり、政財官界から引退していった時期とぴったり一致します。そのころから、明らかにリーダーが弱くなっています。

私は戦前の教育をすべて肯定しているわけではありません。軍国主義や全体主義教育などはとんでもない話です。ただ、戦前の教育はそれがすべてではなくて、「修身」という道徳を中心とした授業で儒教をはじめとして正しい考え方をきちんと教えていました。しかし敗戦後、ＧＨＱの政策で、愛国心教育同様、リーダーシップ教育が失われてしまいました。それが90年以後の日本が活力を失ってしまった大きな要因になっていると思います。

私はマクロ経済の分析も仕事でしています。主要60か国のうち、この30年間で名目ＧＤＰがドルベースで伸びていない国がどれぐらいあるかを調べたことがあります。すると驚いたことに、日本だけしかないのです。アメリカのＧＤＰはドルベースで90年の４倍以上になっています。90年に６兆ドルだったのが、今は27兆ドルです。中国は15倍以上になっていて、今は15兆ドルを超えています。それに対して日本はずっと５兆ドルで、しかもこのところは円安だから５兆ドルを大きく切っています。この国だけが成長していないのです。

日本は良い国だから、自由に勉強ができます。しかし、良い国だから、勉強しなくてもなんとか食えてしまう。これが現在の日本の大きな問題点です。

今は戦前のリーダーシップの教育とか修身の教育がなくなり、多種多様な情報が入り込みやすい環境になっています。良いものばかりが入ればいいのですが、間違った情報に洗脳されてしまうこともあります。素直な人ほど、そういうものを信じ込んでしまいます。

そうならないために、「何千年もの間、多くの人が正しいと言ってきたこと」を勉強しなくてはいけません。世の中には成功する考え方というものがあるのですから、社長だけでなく社員にもそれを勉強するように持っていってあげることも、経営者の大きな役割ではないかという気がするのです。

人生は串団子――自己犠牲は長続きしない

私の師匠の藤本幸邦老師は、長野県篠ノ井にある檀家30軒ほどの円福寺という小さなお寺の住職でしたが、晩年は大本山永平寺の最高顧問まで務められた方で、道元禅師没後750年の先導師も務められました。その当時の曹洞宗では最高のお坊さんだと言っていいでしょう。私は藤本老師とあるご縁で知り合えたことはとてもラッキーでした。

その藤本老師から最初に教えられたのが「**人生は串団子**」という言葉でした。この串団子には団子が４つ付いています。一番手元の団子が「自分」、２つ目の団子が「家族」、３つ目の団子が「会社など属する組織」、４つ目の団子が「国や社会」です。「その４つの団子をどれも外さない生き方をしなさい」と言われました。つまり、「自己犠牲や家族を犠牲にすることは長続きしない、同様に、会社や社会を犠牲にする生き方もダメだ」と言われました。

私はお客さまたちに、この串団子の話をよくします。自己犠牲をしていたら長く続かない。家族を犠牲にしたら、自分や会社や社会が良くても、長続きはしません、と話しています。

藤本老師は家族をとても大事にしていて、愛育園という施設を作って一番多いときには50人の恵まれない子供を預かっていました。戦後すぐに東京の上野で自分が持っていたリンゴを盗もうとした子供を連れて帰って始めたのが愛育園です。日本の児童福祉法は愛育園がモデルになってできていると藤本老師は言っておられました。

藤本老師は愛育園の子供たちも家族同然に扱っていました。大きな家族としてとらえておられたのです。本当に愛情深い方でした。だから、家族を犠牲にしても続かないということをおっしゃったのでしょう。

また、自分や家族や会社が良くても、やっている事業が反社会的であれば、それも続かないとおっしゃっていました。愛育園は今、息子さんが継いでおられます。行政の関係で今は30数人しか預かれなくなっていますが、ずっと続けています。

この藤本老師の教えにふれていた私は、稲盛さんの本を読んで疑問に思うことがありました。稲盛さんの本を読むと、自己犠牲という言葉がよく出てくるのです。これをどう理解すればいいのかと考えました。その結果、私が出した答えは、「これはバランスの問題なのではないか」ということです。藤本老師にも稲盛さんにも共通して言える考え方は、努力は自己犠牲ではないということです。努力をするのが自己犠牲だと思っていたら絶対に成功できないし、努力を好きになるぐらいでなくてはいけないということなのです。

藤本老師は90歳を過ぎて、一人でカンボジアにボランティアに行っておられました。92歳のときにはお孫さんを連れてドイツまで幼稚園の視察に行きました。世界中の恵まれない子を救おうというのが、藤本老師の１つの大きな使命だったのです。亡くなられる前の10年間ほどは、アフリカに大きな水のタンクを送る活動も続けておられました。それまでは、バングラデシュやカンボジアや、まだ貧しかったころの中国の奥地に学校を作るという活動もされていました。「はじめに」に書いたように、私はそのボランティア活動の東京事務局長を今も務めています。

藤本老師は努力家でした。そういう努力は、自己犠牲ではないということです。稲盛さんの本には「**誰にも負けない努力**」という言葉が出てきます。何かを成し遂げようとするならば、時間や労力など何かを犠牲にしなければならないということは間違いないでしょう。それを自己犠牲と考えるか、努力と考えるか。それはバランスの問題だと思います。

時間をコントロールする

社長が遊びに行く時間を減らさないと企業がうまくいかないのは自明のことです。でも、社長は遊ぶなと言っているわけではありません。私もお客さまとゴルフに行くこともあります。ただし、熱中するわけではありません。時間は最大の資源ですから、できるだけ経営に振り分けたいと思っています。

ただ、私は藤本老師の弟子ですから、家族を犠牲にすることはしません。社員たちにも「給料を払っているのだから勤務時間中は一所懸命に働いてくれ」という話はしますが、「勤務時間が終わったら早く帰りなさい」と言っています。

私の仕事は出張が多くて、今までに最も長距離移動した年は、新幹線に170回、飛行機に50回乗りました。飛行機だけでいうと80回ぐらい乗った年もあります。私には子供が2人います。男の子と女の子です。両方ともすでに30歳を過ぎていますが、下の子が20歳になるまで、私は出張先が海外であろうが必ず夜に電話をしました。子供との時間は取り戻せないと考えたからです。だから今でも子供たちとは仲良しです。コミュニケーションは「意味と意識」の両方という話をしましたが、電話とメールとでは伝わり方が全く違うと思います。

藤本老師のおっしゃった串団子は理想像かもしれません。しかし、ある程度の理想を持たないと実現することはありません。なんでも犠牲にすればいいというものではないのです。自分の健康や家族との時間は犠牲にするべきではないと私は考えています。忙しいからといって、家族に甘えて何もしなくて良いというものでもありません。電話をするとか工夫はいろいろできるはずですし、時間もうまくやり繰りすれば上手に使えると思います。

私は以前、人の数倍は働いていました。5社の社外役員をして、6社の顧問をし、年に100か所程度で講演をしているのは今と変わりませんが、そのときは月に17本の雑誌の連載を持っていました。今は7本です。連載は書けば終わりではなくて、ゲラの再チェックもしなくてはいけません。これが意外と時間をとります。そのほぼ同じころ、大阪でテレビ番組に3つ出ていました。明治大学大学院の特任教授もしていました。大学では年間に4教科を教えていました。ゼミも持って、教授会にも出て、試験の採点までしていました。その間に、一番多い年で本を11冊出しました。

当時はまだ社員が10人ぐらいでしたが、会社経営の傍ら、それだけ遮二無二働いていました。それでも自己犠牲をしたという意識はありませんし、家族を犠牲にしたという記憶もありません。

要は時間の使い方の問題なのです。そこで私は、時間管理をするために自分の手帳を開発しました。自己犠牲と努力は考え方とバランスの問題だと思いますが、同時に、時間をうまくコントロールできるかどうかも大事だと思います。

「時は金なり（Time is money.）」というベンジャミン・フランクリンの言葉があります。これは「時間はお金」という意味ですが、私は解釈を変えて「時間をコントロールできる人がお金を作れる人」という意味だと考えています。お金は生まれ持って平等ではありません。金持ちの子もいれば、そうではない子もいます。しかし、時間は大多数の人にとってほぼ平等に与えられています。だから、それをどう活用できるかによって、人生は変わってくると思うのです。

その意味では、本当に忙しいという時期を経験することは貴重です。私にはスーパー秘書（これまでに本を2冊出版し、各地で講演もしている）がいていろんなことをやってくれますので、私自身は自分にしかできないことに特化してアウトプットすることを心がけています。稲盛さんも強調されていますし、松下さんも同じですが、いくらインプットを頑張っていても、**アウトプットしなければ評価されません**。

社員たちにもよく「インプットの努力はアウトプットが前提だよ」と言います。アウトプットして評価されないと、インプットの努力がムダになるとまでは言いませんが、もったいないと思います。

アウトプットが多くなって世の中が評価してくれると、お金が入ってきますし社内の地位も上がります。すると部下を雇えますから、部下に任せることのできる仕事はすべて部下にやってもらうことができます。そうすると、アウトプットの質もさらに上がっていきますから、ますます評価を得ることができます。人生に好循環が生まれるのです。だから、自分しかできないアウトプットに集中するための時間管理はとても大事です。そこがしっかりできないと、どこかで必ず矛盾が出てきて串団子を貫けません。

それと同時に、「会社のため」というときに、会社が社会のために正しい考え方を持っているかどうかを常に問わなくてはいけません。社会に貢献しようという考え方を持っていなければ、やはり事業はうまくいくものではありません。

「学ぶ」ことは最大の時間節約法

ここまで「何千年もの間、多くの人が正しいと言ってきたことを学んでください」と繰り返し言ってきました。「学ぶ」というのは、最大の時間の節約の方法なのです。

たとえば、儒教の考え方の根本は五徳とか八徳とかいわれますが、それは２５００年も前に書かれていることです。それを学ばずに、我々が自分で一から考えるとすると、そこに気づくまでにこれから２０００年ほど生きなければならないかもしれません。しかし、すでにそれを習得し成功している人が多くいるのですから、それを勉強すれば時間の超節約になります。

『論語』に「吾《わ》れ嘗《かつ》て終日食らわず、終夜寝《い》ねず、以て思う。益無し。**学ぶに如《し》かざる也**」という孔子の言葉があります。「１日中、ご飯も食べず、寝もせずに、ずっと考えていた。でも、何も得るところはなかった。やはり学ぶことには及ばない」といっているのですが、これはその通りでしょう。闇雲に考えるよりも学ぶほうが絶対に早いのです。

人の知恵を借りるというのは、言い換えれば「学ぶ」ということです。そして、そのためには多くの人からの評価が高い良い本を読まなければいけません。本を読む目的には３つあります。１つは情報を得ることですが、それは新聞でもインターネットでもできます。２つ目は考え方や生き方を学ぶことで、これはネットだけではなかなか難しいでしょう。３つ目は思考力を高めることです。時々、難しい本を読んで思考力を高めることが大切なのです。これは本でないとできないことでしょう。ネットは読みやすさを前提にしていますから、思考力が高まらないのです。

このような目的を分かった上で、良い本を読んで、学んでいただきたいと思います。

生き方の基準を定める——儒教と仁義礼智忠信孝悌

渋沢栄一翁の真似をするわけではありませんが、私は自分の生き方の根幹に儒教の「仁《じん》義《ぎ》礼《れい》智《ち》忠《ちゅう》信《しん》孝《こう》悌《てい》」の八徳を置いています。これは経営者にとっての生き方の基準になると思います。

最初の「仁」は「人が二人」と書きます。人が二人いると必要になるのは、思いやりとリーダーシップです。リーダーが持つ愛情のことを「仁」と言うと私は解釈しています。相手は人ですから、やはりリーダーには思いやりがなければいけません。もちろん、厳しく命じる場面もあるかもしれませんが、誰かを犠牲にしていいというものではありません。

２つ目の「義」は「正義を貫く」ということですが、私は「全体のことを考える」とも解釈しています。さらに言えば「先義後利」ということでしょう。世の中はまず全体のことを考えたほうがうまくいきますし、そういう考え方の人が好まれます。反対に、自分のことばかり考えている人（「利」を追い求める人）は嫌われます。しかし、生き方を勉強していないと、どうしても「自分が、自分が」となってしまいます。

とはいえ、世の中は平等なので、本当の実力があればそれを見ている人が必ずいます。私は経営がうまくいっていない社長に、「日銀の政策のおかげもあって、これだけジャブジャブにお金が世の中に出回っているのにお金が入って来ないというのは、よほど人徳が低いのではないですか」「お金が余って使ってもらいたがっているのに、どうしてあなたのところに来ないのですか」とよく言います。要するに「先義後利」という生き方をしていないので徳がないのではないですか、と言いたいのです。

3つ目の「礼」とは、話し方や服装のことです。アメリカのビジネススクールに行っていたとき、コミュニケーションの授業がありました。その最初の授業で先生がプロパーアタイア（proper attire）という話をしたことをよく覚えています。プロパーは「適切な」、アタイアは「服装」という意味で、「その場その場に合った服装をしなさい」ということを教わりました。

たとえば、ビジネスの打ち合わせの席に麦わら帽子をかぶってTシャツと短パンという恰好で来たら、「ちょっと、この人おかしいんじゃないかな」と思うでしょう。ビジネスの場では、カジュアルでもかまわないのですが、そこに合った適切な服装をしなければなりません。また、適切な言葉遣いで話さなければいけません。そういう礼が欠けていると、相手は受け入れてくれません。

「心理バリア」という言葉がありますが、人は必ずバリアを持っています。そのときの状況に応じた服装や言葉遣いをしないと、相手のバリアが高くなってしまいます。するど、どんなに良いことを言っても聞いてもらえないのです。だから、私も服装には気をつけていて、相手に合わせて変えています。たとえば、制服を着ているメーカーさんに行くときは地味めの服装にしますし、ファッション関連の会社に行くときはちょっと派手めな服装にします。仕事の打ち合わせはファッションショーに行くわけではありませんし、自己主張をしに行く場でもないので、あえて相手のバリアを高めるようなことをする必要はありません。これが「礼」ということです。

４つ目の「智」とは「知力」「考える」ということです。ピーター・ドラッカー先生は、「20世紀は資本の時代」と言われました。20世紀には大きな戦争がありましたが、インフラも十分ではなかったので、通信や鉄道に投資する資金を持った人が勝つと言ったのです。それに対して、「21世紀は知の時代」だと言っています。知的社会が来ることを予見していたのです。

ただ、気づかなければいけないのは、この時代は便利なだけに頭を使わなくなっているということです。たとえば、私たちはどこかに行くときにSuicaなどのＩＣカードを使って電車に乗り、当たり前のように移動します。知っている場所なら路線図を調べることもないでしょう。しかし昔は、切符を買うために、まず複雑な路線図を見て最寄り駅を探して、料金がいくらかかるかを確認して、券売機にお金を入れて切符を買いました。それからお釣りを確かめて、切符をなくさないように財布に入れておくというように、考えることがいろいろありました。今はピッとタッチして入場して、ピッとタッチして出るだけですから、何も考える必要がありません。

一方、世の中のベースは複雑系で、本来は複雑な思考ができないと、とくに経営などはできないのです。

よく講演で話をするのですが、今の時代はユニクロを着ていて、スマホを持っていたら一人前です。それだけでみじめな気持ちを持つことがありません。昔だったら、朝、電車に乗ると、日経新聞を読んでいる人、朝日新聞を読んでいる人、スポーツ紙を読んでいる人、マンガを読んでいる人、本を読んでいる人、なんにも読んでいない人というように、人それぞれでした。それから、服装もちゃんとしていました。高いスーツを着ている人もいれば、そうではない人もいましたし、スーツを着ていない人もいました。そういう中に身を置いていると、自分自身にみじめさを感じることがありました。その気持ちが「このままではいけない」と自分を奮い立たせる原動力にもなっていたのです。

今はみんながユニクロを着ていてスマホを持っていればそれでみじめな思いをすることはありません。スマホでゲームをやっていようが、勉強していようが、ニュースを読んでいようが分からないので、みじめさを感じないのです。しかし、これは決して良い社会ではないと思います。平等なのは悪いことではないのですが、時々、「こんなことではダメだな」と自分を顧みることが必要だと思うのです。それが知的社会で自分を生かすことにつながります。

5つ目の「忠」は「中の心」と書きます。これは「ぶれない」ということを表しています。戦略論とか方法論といったものは朝令朝改で構わないと思いますが、ここで説明しているような自分の基本となる正しい考え方をぶらさないことが大事なのです。しかし現実には、物欲などの変えてもいいところはぶらさないのに、正しい生き方などの大事な根幹をぶらしてしまう人が結構多いのです。それは生き方の勉強をしていないからだと思います。

6つ目の「信」は、私が大事にしている言葉です。「信」という字は「人の言」、つまり人の言葉と書きます。**言ったことを守る**ことが信用を高めるとともに実行力を上げる大原則です。当社の社員たちにも、「どんなに小さなことでも言ったことは必ず守りなさい」と話しています。とくに小さなことは忘れやすいので、必ずメモをしておくようにと繰り返し言っています。

すると中には、私の前で何かを言うと実行させられるから何も言わないという人が出てきます。そこで大事なのは、ファーストステップは「言ったことを守る」ですが、セカンドステップは「思ったことをやる」ということです。

みんな心の中でいろんなことを思います。どこかへ行きたい、誰かに会いたい、こんな本を読みたい、と。でも、思っただけで実行しない人が多いのです。そういう人は、やらない理由、できない理由ばかり考えて、やらない癖がついています。だから、「思ったら実行する」という癖をつけておかなければいけません。どんな小さなことでも言ったことは守る、思ったことはやるという習慣をつける。それによって実行力は格段に向上し、人生のステージが上がります。

７つ目の「孝」とは「親孝行」です。私のお客さまの中でも、親子でもめる人が結構います。そういうときに私が子供さんに言うのが、「親孝行して不幸になった人はいない」ということです。そして、親御さんには「あなたの責任ですよ。私のところに文句を言いに来るのは筋違いです」と話します。

これに関してひとつ良い話があります。親子で揉《も》めていた人がいて、「小宮さん、会ってくれませんか？」と息子さんから頼まれて、お父さんに会いに行ったのです。お会いしてみたらいいお父さんでした。だから、息子さんに「いいお父さんじゃないですか。**親孝行して不幸になった人はいません**」という話をしました。その半年後ぐらいに、お父さんが突然亡くなられました。その後、息子さんに会ったときに「小宮さんにああ言ってもらったおかげで半年間だけでも親孝行ができて良かったです」と感謝されました。

親孝行をして不幸になった人はいないと思います。逆に、親孝行の気持ちがない人が会社を経営してもうまくいきません。仲が悪い親子がいるのはよく承知していますが、子供さんには「親がいるから自分がいるんだという当たり前のことぐらい理解してください」という話をよくします。

８つ目の「悌」は、「弟の分を守る」という意味です。これに関して私は２つのことを言っています。１つは兄弟仲良くということ、もう１つは誰にとっても分を守ることは大事だということです。借金をして贅沢するなんていうのはとんでもない話で、自分の分を知らないということです。

分を高めるには、徳を上げるしかありません。分というのは持ち分です。それが小さいことを嘆いたところで仕方ありません。分を大きくするためには、自分の人徳を上げるしかないのです。『大学』という書物の最初に、「大学の道は明徳を明らかにするに在り」と書いてあります。安岡正篤先生の解釈によると、明徳とは高い徳という意味です。それを明らかにする、より高くするにはどうすればいいかというと、『大学』には有名な「修身斉家治国平天下」という言葉が出てきます。すべてはまず自分の身を修めるところから始まるのです。

徳を解釈するのは難しいのですが、徳とは神様からもらうラッキーポイントだと私は考えています。また「徳を積む」というように、ラッキーポイントを得る努力をすることとも解釈しています。親に徳があると最初からラッキーポイントが貯まっているのですが、それをさらに高めるには、自分で徳を積むしかありません。そして、徳を積む根幹にあるのは、利他の心や義だと思います。つまり、世の中に貢献するということが徳を積む大前提になるのです。

自由自在の発想と「空」――とらわれない、こだわらない、かたよらない

稲盛さんや松下さんの本を読んでいると、いろんな角度からものを見なさいということが書いてあります。それに関して思い出すことがあります。私が高校生のころの話ですが、母親に薦められて、奈良の薬師寺さんに写経を納経したことがあります。私の素行が悪いのを心配した母が「あなた、写経でもしなさい」と言ったのです。

そのころ、薬師寺には高田好胤《こういん》さんという有名な管主さんがいらっしゃいました。この方はアイデアマンで、全国から100万巻の写経を集めて薬師寺の伽藍《がらん》を再建す

るという事業を進めておられました。一人1000円の供養料を集めて薬師寺に写経を納経するという企画でした。母はそういう企画に乗るのが好きな人だったので、家族全員で般若心経を写経して薬師寺さんに納経したわけです。

般若心経を写経して全部を書き終わった最後に、「**とらわれないこころ　こだわらないこころ　かたよらないこころ　ひろく　ひろく　もっとひろく　これが般若心経空の心なり**」という高田管主の言葉が書いてありました。「ひろく」は平仮名で書いてありましたが、漢字にすれば「寛」という字だと思います。だから、「とらわれないこころ　こだわらないこころ　かたよらないこころ」に加えて、「寛容の心」を持つことが般若心経の空の心なのだと私は考えています。

この寛容の心が大事だと思うのです。たとえば、「自分が絶対に正しい」というふうに思うと、とらわれ、こだわり、かたよりが出てきます。そんなときに、「自分が正しくないということもあり得る」という心を持ち合わせていると、とらわれ、こだわり、かたよりを修正することができます。

自由自在に心を動かせる人には限界が来ないと私は思います。自分の考えに、それも戦略や方法論にこだわると、必ず限界が来ます。だから常に自由な発想を持つことです。そのためには自分は間違っているのではないかと思えるかどうか。それが素直さ、謙虚さのベースになるのではないかという気がしています。

〈事例〉宝歯会に見る「同胞」経営とお客さま第一

１９９２年に福岡県北九州市に開院した医療法人宝歯会は、最初、創業者である現理事長の梶原浩喜さんと奥さまと雇っていた歯科衛生士さんの三人だけの歯科医院でした。それが今は山口、広島、岡山、兵庫などに24院を開院し、保険診療を中心にして来院客数70万人という日本で一番の歯科医院グループになりました。さらにその数は増えていて、５年内で来院者数１２０万人を超える世界一の歯科医院グループを目指しています。

梶原理事長は稲盛さんの盛和塾に入っておられました。理事長は2つのことを大事にされています。１つはマーケティングです。お客さま、患者さまから見て便利でないと来院していただけないというので、駅ナカに医院を出し、夜9時まで診察をして、通勤帰りの方が立ち寄れるようにしています。また、チェアの数が少ないと、せっかく来院されても入れないというので、椅子を十分余裕があるように置いて、それに合わせた人員配置をしています。お客さまにとっては利便性が高いのです。また、駅ナカと同じような方法でショッピングセンターの中にも開院しています。だから集客力が非常に高いのが特徴です。

もう1つ大事にしているのは、働いているスタッフさんの姿勢や考え方です。宝歯会には「院訓」があります。そこには「明るく元気で大きな声で挨拶します」「日本一きれいな病院を目指します」「治療は詳しい説明の後に行います」という3つが掲げられています。この院訓を朝礼のときに全員で唱和します。歯医者さんのような職種の人は、唱和のようなことは嫌がるのが普通ですが、宝歯会では全医院の全職員がやっています。また、病院に行くと院訓通りに本当に生き生きと挨拶をしてくれます。

梶原理事長は「同胞感」を大事にしています。だからドクターたちが辞めないのです。歯医者さんは独立志向が強い人が多いし、親が歯医者で修業のために来ている人もいますが、そういう人も含めて辞める人が少ないのです。その1つの理由が、同胞感、仲間意識を醸成しているということです。

宝歯会では介護の仕事もしているため、従業員さんは500人もいます。梶原理事長の部屋に行くと、名前がフルネームで書いてある500人のポラロイド写真があり、その写真にはフルネームと誕生日が書いてあります。理事長は全員の顔を見て名前をフルネームで言えるようにすることを大事な仕事にしています。そして辞めた人たちも集まってOB会を開いています。

「大切な人の大切な人を大切にする」というのが梶原理事長のポリシーです。働いてくれている人は大切な人です。そして、その人たちの大切な人、つまり奥さまであったり子供さんであったり、そういう人たちを大切にする。それがポリシーなのです。

　また、院が大きくなって収益的に余裕が出てくると、近隣の大学病院の先生たちを講師に招いて勉強会を開くようになりました。専門職の人たちはとても勉強熱心です。しかし、大学病院の先生方を招来することは、1つの院ではなかなかできません。それを積極的に行っているので、余計に帰属意識や同胞感が強まるのです。

　梶原理事長は稲盛さんと同じ鹿児島大学の出身です。だから、稲盛さんには結構親しくしてもらったという話をされていました。

　同胞感というようなことを言う人はなかなかいません。稲盛さんは「働く人の物心両面の幸せを実現する」ということをとても大切にしておられましたが、梶原理事長もお客さまを大切にしながら、働く人たちの同胞感、幸せを重視されています。その点がユニークだと思います。

　歯医者はコンビニよりも数が多いから儲からないとよく言いますが、要はやり方です。資格を持っていたら食べていけるというのは錯覚で、それではサービス業はうまくいきません。医者でありながら、サービス業としての考え方、患者さま第一という考え方を徹底しているところが、梶原理事長と宝歯会のすごいところだと思います。

第3章

誰にも負けない努力をする

いかにして社員の心に火をつけるか——不燃、可燃、自燃

「不燃、可燃、自燃」という話は、稲盛和夫さんの本によく出てきます。人間には、燃えない人、何かきっかけがあると燃える人、放っておいても燃える人がいるというわけです。確かに、いくら言っても燃えない人は少数ですがいると思います。採用するときによく見極めなければいけませんが、話をすれば、熱意があるかどうかはすぐに分かります。そのときに熱意があったのに、働き始めたらなくなるということは、よほど社風がおかしくない限り、まずないと考えていいでしょう。

問題なのは可燃式の人です。何かきっかけがあると燃えるけれど、きっかけがないと燃えないという人です。自燃式の人は放っておいても勝手に頑張ってやっていけるからいいのですが、可燃式の人にどうやって火をつけるかは会社にとって大きな問題になります。

そのためにどうすればいいのかというと、１つは働く意義や楽しみを分かってもらうことだと思います。それにより**「働きがい」を感じてもらう**ことです。「良い仕事」というのに私は３つの定義を持っていて、①お客さまが喜ぶこと、②働く仲間が喜ぶこと、③工夫の３つだと先に説明しました。社員の心に火をつけるには、この３つに集中することです。結局、人に喜んでもらうというのが一番の働きがいにつながるからです。そんな働きがいをどういうふうに増やすかを考えることが大事になります。

ホンダクリオ新神奈川という会社があります。今はホンダカーズ中央神奈川といっていますが、このホンダのディーラーさんはディーラー界では伝説の会社です。社員が本当に生き生きと働いているのですが、外回りの営業はしていないのです。神奈川県内に20か所の営業拠点を持っていますが、来店されるお客さまだけを相手にしています。それにもかかわらず、他のホンダディーラーの何倍も売っています。それはなぜかというと、接遇が抜群に良いのです。だから、お客さまから見て心地がよいのでしょう。

創業者の相澤賢二さん（現・ホンダカーズ中央神奈川会長）には当社でも何度か講演をしてもらったことがあります。お話を聞いていると、社員の働きがいを増やすためには、いかに人から褒めてもらえる機会を作れるかが大切だとおっしゃっていました。

そのために具体的に何をしているかというと、どの営業所でも店舗の周りの掃除をしているそうです。カーディーラーというのは、夜遅くまで電気がついていたり、週末にイベントを行うと近くの道路に車を止めて来る人たちも結構いるそうで、近所に迷惑をかける仕事だから近隣の掃除を始めたとおっしゃっていました。ビッグモーターなどとは動機が全く違うのです。

掃除をするのは始業前で、ちょうど学校の通学時間帯にあたります。そのため、子供たちが挨拶に来たり、親から見てもいつも同じ人が掃除をしていると安心だというので、感謝されることが多いそうです。

その延長線上で、当時、20あった営業所の自動ドアをすべてやめたといいます。自動ドアが勝手に開いて「有難う」という人はいませんが、手動でドアを開けて中にご案内すると、必ずと言っていいほど、「有難う」と言ってもらえるというのです。外からお店の駐車場にお客さまの車が入ってくると、中から誰かが外に飛び出して行って車を誘導して、子供連れで来られていたら、お客さまの荷物を持って、あるいは子供さんの手を引いてあげて、手動でドアを開けて中にご案内するわけです。そのときに「有難う」と言ってもらえるのです、

このように社員さんが感謝されて、「有難う」と言ってもらえる数をどれだけ増やすかが経営のコツだと相澤さんはおっしゃっていました。お客さまが喜ぶこと、働く仲間が喜ぶこと、そして工夫も、言い換えれば、感謝される機会を増やそうということです。そして、感謝されると働きがいが出てきて、可燃式の人は燃え始めるということを私は他社の事例でも見てきました。

最初から自燃式の人を採用できればそれで済む話ですが、ほとんどの人は燃える要素を持っているけれど、まだ燃えていないというレベルだと思います。そういう人を

いかに燃えさせることができるかに会社の成長がかかっているのです。燃えれば仕事も楽しくなってきますし、会社全体のパフォーマンスも上がり、世の中にも貢献できるという良い流れが生まれるのです。

仕事を好きになり、仕事を楽しむ

仕事が楽しくなるために大事なのは、「**仕事を好きになる**」ということです。では、仕事を好きになるためにはどうするかというと、とにかく一所懸命やるしかないのです。石の上にも三年といわれるように、しばらく辛抱して必死に働いてみて、お客さまや働く仲間に喜ばれる体験を積み重ねることです。働き始めた当初はしんどさも感じるでしょうし、環境が変わると嫌だなと思うことはあるでしょう。しかし、そこを乗り越えて仕事を好きにならないと、何をしてもうまくはいかないと思います。

『論語』に「之《これ》を知る者は之を好む者に如《し》かず。之を好む者は之を楽しむ者に如かず」という言葉があります。「知識として知っている人よりそれが好きな人のほうが上であり、ただ好きだという人よりそれを楽しむ人のほうが上なのだ」と言っています。この「好き」と「楽しむ」の違いは、実践している度合の違いだと思います。大事なのは、好きになった上で楽しんでいるかどうかということです。好きになるほど一所懸命に取り組んで、楽しめるようになるまで実践しなくてはいけないのです。

学校に来るのが楽しい人は、勉強ができるか、スポーツが得意か、人付き合いが好きな人でしょう。ただ、学校は学生がお金を払っていますが、会社は給料をもらって仕事をしに来る場所ですから、ある程度仕事ができないと楽しくはなりません。仕事ができるようになるためには努力が求められますが、人並み程度の仕事しかできないのでは面白くはなりません。

一人前と一流は違います。一人前まではある程度時間をかければなれます。会社も一人前になってもらわないと損だから、ある程度は教育してくれます。そこから一流になれるかどうかは、人並み以上の努力を続けられるかどうかで決まります。その結果、人より仕事ができるようになると仕事を好きになれるのです。そして、それを続けることによって仕事を楽しめるようにもなるのです。

仕事をしていて楽しいという以上のレベルがあります。私がよく問いかけるのは、「仕事をして心が震えたことはありますか」ということです。言い換えれば、「本当に良い仕事ができたなという充実感を得られましたか」ということです。それからもう1つ、「生まれ変わってもこの仕事をしたいですか」と聞きます。

たとえば私の場合であれば、読者の方から「小宮さんの本を読んで人生が変わりました」と言われることがたまにあります。それがとても嬉しいのです。また、コンサルタントとしては「小宮さんのおかげで会社が良くなりました」と言われると嬉しくなって、この仕事をしていて本当に良かったなと思いますし、生まれ変わってもこの仕事をしたいと思います。

そういう心が震える機会をどれだけ持てるかだと思います。お金に代え難いものをたくさん体験していているほうが働いていても楽しいし、結果としてお金も入ってくるのです。松下幸之助さんの『道をひらく』には、「力及ばずという面は多々あるにしても、及ばずながらも力をつくしたということは、おたがいにやはり慰めであり喜びであり、そしていたわりでもあろう。この気持ちは何ものにもかえられない。金銭にもかえられない。金銭にかえられると思う人は、ほんとうの仕事の喜びというものがわからない人である。仕事の喜びを味わえない人である。喜びを味わえない人は不幸と言えよう」とあります。

なれる最高の自分になる――「誰にも負けない努力」の本当の意味

稲盛さんの本には「誰にも負けない努力」という言葉がしばしば出てきます。社員やお客さまに「誰にも負けない努力ってどういうことだか分かりますか」と聞くと、だいたい「一所懸命努力すること」「人に負けない努力をすること」という答えが返ってきます。

稲盛さんの本を読むと、「誰にも負けない努力」とともに「自分なりの努力」という言葉が出てきます。**ほとんどの人は努力をしているのですが、その努力が「自分なりの努力」で終わっている人が多い**というわけです。自分のペースで努力をするのも悪いことではありません。でも、それで満足してしまっては足りないのです。私はよく「人が評価してくれるアウトプットができるぐらい努力をしてください」と言っています。「誰にも負けない努力」とは、そういうことだと思います。

私がたくさん本を出したり、講演をしたり、連載を持っているのは、アウトプットに焦点を当てているからです。アウトプットが評価されるようになるためには努力が必要ですし、それに応じたインプットも必要です。それをするのが最低限の「誰にも負けない努力」なのではないかと考えています。

アウトプットに焦点をあてそれがある一定のレベル以上であると、世の中はある程度は評価してくれます。しかし、それはファーストステップにすぎません。そこで満足してはいけません。そこでセカンドステップとして、「**なれる最高の自分になる**」

という話を私はよくします。

たとえば、イチロー選手はメジャーリーグの安打記録を作ったり、首位打者を取ったり、これ以上はない活躍をしました。しかし、彼はそれに満足せず、首位打者を取ったあとも、試合のある日は球場に一番乗りして練習を積みました。それはなぜかというと、「なれる最高の自分」になりたかったからではないかと私は思っています。

そのように、社会から評価されるアウトプットができるほどの努力をするとともに、常に「なれる最高の自分」を目指すことが大事だと思うのです。それが稲盛さんの言われる「誰にも負けない努力」の本当の意味ではないかと思います。

いずれにしても、**アウトプットに焦点を当てる**ことが大事です。それしか社会に貢献する術《すべ》はないし、社会に認められる術はないのです。日常的にインプットするのは当たり前の話で、アウトプットに焦点を当てないと社会からはなかなか評価されません。ドラッカー先生も「成果すなわち仕事からのアウトプットを中心に考えなければならない。技能や知識など仕事へのインプットからスタートしてはならない。それらは道具に過ぎない。いかなる道具を、いつ何のために使うかは、アウトプットによって規定される」(『マネジメント[エッセンシャル版]』ダイヤモンド社)と述べています。

森信三先生の「人生は50メートル走」

致知出版社から刊行されている『修身教授録』という森信三先生の本があります。この本を私は30年ぐらい前に、鍵山秀三郎先生に推薦されて読みました。私は一時期、鍵山先生のところに通っていたことがありました。鍵山先生は親切な方で、いろいろ教えてくださいました。その中で「森信三先生の『修身教授録』を読んだほうが良いですよ」と言われ、一読して感動してしまったのです。

この『修身教授録』の中に「人生は50メートル走」という話があります。「人生はマラソンだ」とはよく言いますが、森先生は「人生は50メートル走だ」と言われるのです。マラソンだと思っていると「今日はいいか、明日はいいか」と先延ばしにしてしまうというわけです。だから、人生の良い時間帯は一瞬で終わってしまうというぐらいの気持ちで見ていないとダメだというのです。

私が若いころによく読んだ『菜根譚』の中にも、人生は障子の隙間から外を見ていて白い馬が通り過ぎていくぐらいの時間しかないというような話が書いてありました。一瞬一瞬を大切にすることができるかどうか。人生を満足いくものにするためには、それがとても大事な心得になります。

それに関連して言うと、成功している人は間違いなく「せっかち」です。のんびりしている人で成功している人を見たことがありません。見方を変えれば、これは明日延ばしの習慣を持たないということでしょう。せっかちさばかりが前面に出ると周りにも迷惑ですが、やれることはできるだけ早くやっておこうという習慣を持つことは大事だと思います。

松下幸之助さんの本にも、「早く」という話がよく出てきます。『道をひらく』の中にも、「しかも早く」という項目があります。丁寧な良い仕事をすることも大事ですが、それを早くやれというわけです。だから、松下さんも結構せっかちだったと思います。

このように、常にスピード感を持って取り組むということを念頭に置いて行動するのは、人生で成功するためにはとても大事なことです。稲盛さんも「僕は、走り切れなくてもいい、最初の数キロだけでも一流選手に伍していこうという思いで、常に全力疾走してきました。周りはいつまで続くかと見ていたのでしょうが、走っているうちにそれが自分の習い性となり、今日まで続いている。最初から全力で走ろうと決めて、必死になって先頭集団に追いつこうと意気込んで走り続けてきたからこそ、実を結んだと思っています」（『致知』２０２１年４月号）とおっしゃっていますが、長丁場でも常に全速力ということが大切なのです。

なぜ成長しなければならないのか——宇宙の原理と生成発展

私はお客さまに「なぜ成長しないといけないかわかりますか」という話をよくします。そうすると、結構多くの人が「より世の中に貢献するため」とか「従業員を幸せにするため」と答えます。それももちろん成長の目的だとは思います。しかし、本質はもっと深いところにあります。**成長は宇宙の原理なのです。**「生成発展」することが宇宙の原理にかなっているから、成長し続けなければいけないのです。

松下幸之助さんが大成功されてから、自分がなぜ成功したのかということをお話になったときに「宇宙の原理に合っていたからだろう」と言われました。自然の理法とか宇宙の原理という話を松下さんはよくされていました。では、宇宙の原理とは何かというと、一番の根幹は生成発展だと言われました。宇宙はビッグバンから始まって秩序正しく膨張し続けています。だから、成長こそが宇宙の原理の一番の根幹だというのです。松下さんの考え方を反映して、松下電器の基本的な考え方は、社会の発展のために貢献する限りは必ずうまくいくというものでした。

安岡正篤先生は「生成化育」という言葉を使われました。これは生成発展と全く同じ意味です。私の見方が正しければ、安岡先生のこの考え方はドイツ観念論哲学によっています。「正・反・合」、つまりお互いが反発し合いながら、より良い新たなものができ上がるというのが基本的な考え方です。これも生成発展と同じことだと思います。

いずれにしても、宇宙の原理が生成発展であるならば、人類も個々の人間も、生成発展し続けることが大事なのです。それが成長しないといけない本質的な理由です。私はそれを「なれる最高の自分になる」というふうに表現しているのです。

ジム・コリンズ先生の『ビジョナリー・カンパニー2』の冒頭に、「グッドはグレートの敵」という言葉があります。そこそこ成功している中堅中小企業経営者は、ほとんどがグッドな状態にとどまっています。それでもある程度のお金は入るし、大企業の経営者のように世の中から注目されるわけでもないし、上場していなければ株主から文句も言われないので、ゴルフの会員権を買ったり、高級車に乗ったりして、ある程度良い暮らしができます。しかし、このグッドな状態がグレートになるための最大の敵なのです。

グッドで満足しているとなぜいけないのかというと、生成発展という宇宙の原理に反するからです。宇宙の原理に従うならば、グレートを目指すことが大事で、そのほうが世の中にも貢献できるのです。私は「宇宙の原理に合った生き方や経営をしてください」とよく話します。そこを理解しておかないと、少し儲かったらそれでいいじゃないかと思ってしまうからです。

グレートを目指すためには「欲のレベル」を上げなければいけません。金さえあればなんでもできると言うのではなくて、今、自分があるのは世の中のおかげだ、お客さまのおかげだ、一緒に働いてくれる仲間のおかげだと思って、さらに事業に邁進《まいしん》しなくてはいけないのです。そう思えば思うほど、これまで以上にうまくいくというのが宇宙の原理です。

宇宙の原理に従って成長するということは、「なれる最高の自分になる」ということでもあります。自分として「なれる最高の自分」を目指しているかどうかがとても大事です。

一方、「なれる最高の自分」がどんなものなのか、自分でも分からないかもしれません。私も分かりません。ただ、それは「こんなもんじゃダメだ」といつも思っているということが大切です。

これもすぐに忘れてしまうので、ファーストステップとして「そう思う」ことが大事になります。思わなかったら絶対にそうなりません。でも、思っていても忘れるのが人間ですから、時々は、「なれる最高の自分になる」と自分に言い聞かせなくてはいけません。私自身も折にふれて思い返しています。

私には200人ほどの弟子がいます。後継ゼミという後継者を育成するセミナーとコンサルタント養成講座を通年で開いていて、そこを卒業した人たちには弟子を名乗っていいということにしているので、その合計が200人ほどいるわけです。よく弟子たちから『小宮一慶ビジネスマン手帳』という私が作った手帳にサインを求められます。そのときに私は「なれる最高の自分になる」という言葉を手帳の裏表紙に書いて渡します。裏表紙に書くと、手帳を出すたびに見るので忘れないからです。

忘れないことは「強い願望を抱く」「思い描く」などとも関係しますが、とても大事なことです。いつもそのように思い、「こんなもんじゃダメだ」と思う。その先に「なれる最高の自分」がいるのです。繰り返しますが、何がなれる最高の自分なのかは自分ではなかなか分かりません。でも、分からないなりに、「こんなもんじゃダメだ」と常に思って「なれる最高の自分」を追い求めているうちに、新たな人生のステージが開いていきます。せっかく生きているのですから、一人でも多くの方に、ぜひそういう経験をしていただきたいと思います。

稲盛さんの「燃える闘魂」と松下さんの「真剣勝負」

「燃える闘魂」というとアントニオ猪木さんを思い出しますが、稲盛さんもしばしば使っていました。すさまじいほどのエネルギーを注入していかないと、何事もうまくいかないと言いたかったのでしょう。

松下幸之助さんの『道をひらく』に「真剣勝負」という項目があります。剣道で防具をつけていれば、竹刀で打たれたら打ち返せばいいでしょう。しかし、木刀で試合をすると、ひょっとしたら骨が折れるかもしれません。ましてや真剣となると斬られたら終わりで、斬り返すわけにはいきません。そういう意味では1回1回が真剣勝負です。だから、そこに全身全霊をかける意気込みが必要だと松下さんはおっしゃっています。すさまじいまでの闘志でぶち当たっていかないと困難は解決しない。斬られたら斬り返そうというようなことを言っていてはダメだということです。

松下幸之助さんは「七転び八起き」という言葉が好きではなかったようです。あれは7回転んだ人への慰めの言葉であって、そもそも8回も転ぶなよというのです。意地汚いようだけれど、転んだら何かを掴《つか》まないといけない。成功した人は転んだところから何かを必ず掴んでいる、というのです。

それは言い方を換えると「反省する」ことだと思います。反省しない人は進歩しません。すさまじい勢いのエネルギーで闘っても、うまくいかないことはあります。そのときには反省して、何が足りなかったのかをよく考え、何かを掴むことが大事なのだと私は考えています。

一歩踏み込む——もっとやれることはないか

この考え方と関連するのが「一歩踏み込む」ということです。私はよく経営者の方たちに「一歩踏み込んでください」とお願いしています。でも、それだけでは漠然としていて分かりにくいので「まだやれることがあると考えてください」と言っています。

多くの人は、ある程度のところまでやったら「これでいいか」と思ってしまいます。もちろん、時間的制約や金銭的制約もあるでしょうから、どこかで打ち切らなくてはいけないのですが、その前に「これでいいだろうか」と思うことが大事です。そこで「やり切った」という感覚が持てなければ、「まだやれることがあるのではないか」と考えてもらいたいのです。それが今ある生活、ひいては人類を進歩させる原動力になってきたのです。

今あるもので満足すれば、そのときは心地よくいられます。しかし、それ以上の発展はありません。「このままじゃダメだ」「もっとやれることはないか」と思うから技術が進歩して、新たな製品が生まれるのです。

だから、やり切ったと納得できるまでは、もっと改良ができるのではないかと常に考えることが大事です。

私は物書きですが、元々飽きっぽい性格です。でも、本を1冊仕上げようと思えば、最後の一字一句まで手を抜くわけにはいきません。そして、最終のゲラ読みが終わったときに、必ず「ベストを尽くしたかどうか」と反省しています。時間の余裕があれば「もう1回読もうか」と思うときもありますし、時間がないときにはとにかく最後の一字一句まで集中して読んで、「ベストを尽くしたかどうか」と反省するのです。もしそのときにやり切ったと思えなければ、さらに注意深くゲラを読まなくてはいけないと必死になります。

そこまでやってもミスはありますし、あとで考えたら、こう書いたほうがよかったかなと思うこともあります。それは仕方のないことです。とにかく大事なのは、その時々のベストを尽くすことです。そして必ず反省をする。それだけでも一歩踏み込めるのです。

その一歩の踏み込みが重なると、長い年月の間には他の人と大きな差がつきます。「なれる最高の自分になる」ことを常に目指して「一歩踏み込む」ことが大切です。

当社では経営方針書を毎朝、朝礼で読んでいます。そこにも今お話ししたようなことが書いてあります。人に言っておいて自分が何もしていないというのは自己矛盾ですから、私は率先してやっています。「まず自分がやらなくてはいけない」というのは私の持論です。だからいつも社員には「自分がやらないことは人に言うな」という話をするのです。

当社の社員には経営計画書の作成にしても、自社でやっていないことを人に言うのはおかしいと話します。これは仕事だけの話ではなく、生き方も同じでしょう。自分でやってもいないのに人にやれという人がいますが、それは偽物だと思います（「経営計画書」というとビッグモーターを思い浮かべられる方もいらっしゃるかもしれませんが、あのケースは経営計画書が悪いのではなくて、中身がひどいということです）。

一倉定先生は「**評論家社長は会社を潰す**」と言われました。社長の中には「自分は言う人で、社員がやる人」と考えている人がいますが、それではダメです。もちろん、社員がやることすべてを社長がやろうとしても現実的には無理です。しかし、重要な方針とか大きなクレームが起こったときには「指揮官先頭」で、社長自らが対応していかなくてはいけません。そうしないと誰もついてきてくれません。

手の感覚を持つと覚悟が決まる

経営や人生をより良くするというのは、ある意味、考え方とか覚悟の問題です。覚悟がなければ頭でいくら分かっていてもうまくいきません。頭が良いからうまくいくというものではありません。確かに頭が良いほうが物事の理解度は高いと思いますが、やれるかやれないかは別です。それは**覚悟の問題**だと思うのです。

覚悟を持つためには、手の感覚を持つことが大事です。自分で言うのもなんですが、私は度胸があるほうだと思います。それは若いころの体験によって培われた手の感覚があるからです。

勤めていた銀行を辞めて岡本行夫さんの岡本アソシエイツという会社に所属していたとき、私はカンボジアのＰＫＯ活動にひと月ほど参加しました。私は元々ボランティア活動に興味があったので、１９９３年に政情不安定なカンボジアで国連主導の選挙があったときに、岡本さんの許可を得て選挙監視員の募集に応募したのです。

カンボジアで私に与えられた役割は、田舎の投票所の責任者でした。投票所はお寺で、フィリピン軍の軍曹が文民警察官として護衛でついてくれました。武器を持たないことが条件になっていたため、彼は武器を持っていませんでした。

二人で投票所に行って、現地の人30人ぐらいに手助けをしてもらって3日間、投票を監視しました。当時はまだポルポト派（ポルポトを中心とする空想的共産主義集団。１９７６年に政略を樹立したが、その間自国民を大量虐殺し、3年で政権は崩壊）が残っていましたから、投票箱を毎日運んできて持って帰るのはフランス軍の外人部隊が担当していました。投票後の開票作業もフランス軍の外人部隊の基地で行いました。投票所のお寺では4日間、寝泊まりしました。自衛隊の基地にも3週間ほど泊めてもらいました。この経験をしたら、結構、度胸がつきました。

その後、私は日本福祉サービス（現セントケア）という介護サービスの会社に転職しました。今は東証プライムに上場していますが、当時はまだ小さな会社でした。企画部長として転職したのですが、村上美晴さんという当時の社長から「現場を経験してきなさい」と言われて、寝たきりの人をお風呂に入れる業務を担当し、４００人ぐらいの入浴介護をお手伝いしました。

お風呂を運ぶ車は、通常３人で乗って行きます。看護師さんとオペレーターという機材を運ぶ人とヘルプをする人です。私は例外的に４人目としてついていったのです。今でもよく覚えていますが、最初の現場は横浜でした。何も分からずにぼさっと立っていた私に看護師さんから「あなた、ぼさっと立って見ているんじゃなくて、足を洗うのを手伝いなさい」と言われ、タオルを渡されました。私は寝たきりの人を見るのはそのときが初めてでしたし、当然お風呂に入れたこともなかったのですが、分からないままタオルに石鹸をつけてごしごし足を洗ってあげると、相手の方からとても喜ばれました。やる前は怖さもありましたが、やってみると全然怖くありませんでした。

鍵山秀三郎先生が「**頭は臆病だけれど、手は臆病じゃない**」と言っておられます。カンボジアのＰＫＯもそうですし、介護の現場もそうですが、頭で考えているとなかなかできないことでも実際に現場に行って手を使えばできるのです。だから、手の感覚をたくさん持っていると度胸がついてくるのだと思います。

当社のコンサルタントたちにも言うのですが、コンサルタントの仕事は頭と口があればできるため、どうしても生意気になりがちです。どこへ行っても「先生、先生」と呼ばれるからなおさらです。しかし、それでいい気になっていては使い物にはなりません。

手の感覚を養うために、当社では毎朝9時から9時15分まで掃除をしています。理屈ばかり言っていても雑巾がけをしないときれいにはなりません。当社がわりときれいなのは、毎日全員で掃除をしているからです。私は毎朝早く出社しているわけではありませんが、朝から来ているときは男性トイレの掃除を担当しています。これは結構大事なことです。やはり上の人間がやらないと、下の人間もやらないのです。

このように、小さなところも手を抜かずに一所懸命に取り組むことによって、覚悟というものが身についていくのです。

第4章

リーダーとしての心構え

ＪＡＬ再建で見せた稲盛さんのリーダーシップ

稲盛和夫さんの名声を高めたのは、京セラやＫＤＤＩを作られたことはもちろんですが、やはりＪＡＬを短期間で再建させたことだったと思います。それについて、いろんな人がいろんな見解を述べておられますが、経営コンサルタントの立場からいえば、２つのことが重要だったたと思います。

１つは路線ごとに採算をきちんと計算して、戦略的にコスト削減を徹底したということです。破綻する前のＪＡＬは国策会社でしたから、政治家の思惑で儲からない路線も飛ばしていました。それもほとんどどんぶり勘定で、どこが儲かっていて、どこが儲かっていないかも分からないような状態でした。稲盛さんはそんな曖昧だった採算をはっきりさせました。

そのことに関連して、アメーバ経営を導入して小さな組織ごとに採算を管理させたことです。採算を適当に見て経費をジャブジャブ使っていたところに問題があったのですが、それを短期間で改善できたのは、稲盛さんが働く人の気持ちを変えたからでしょう。これは稲盛さんにしかできなかったように思います。

もうひとつは、働く人の考え方を正しい方向に統一したことです。「考え方×熱意×能力」という成功の方程式に当てはめれば、ＪＡＬには優秀な人たちがたくさんいましたから、元々の資質、能力は高かったのです。しかし、戦後教育の弊害もあって、ＪＡＬに限らず昨今の大企業に勤める人で成功する正しい考え方や生き方を勉強している人はほとんどいません。

一方、先にも述べたように統一した考え方を徹底的に植え付けて求心力を持たせた最も強力な組織は宗教団体でしょう。ＪＡＬは宗教組織とは違いますが、働く人たちの考え方を稲盛さんの考え方に統一したわけです。それができたのは、稲盛さんが最初に「働く人の物心両面の幸せを一義的に考えます」とおっしゃったことも大きいでしょう。この言葉がみんなの心を掴んだのだと思います。

また、ＪＡＬを救わないと日本経済もおかしくなるし、航空業界がＡＮＡの独占となって競争が失われる。その結果として利用者が不利益を被ることになるかもしれないという大義があったことも、稲盛さんの心を動かし、また働く人の心を動かすことで、再建がうまくいった理由ではなかったかと思います。

盛和塾の塾生たちもＪＡＬを応援しました。当時、稲盛さんは78歳だったと思いますが、そんな高齢の塾長が頑張っておられるのだから、自分たちも移動するときは絶対にＪＡＬを使うという人たちが増えたのです。

下世話な話ですが、私はそのころ大阪で「ちちんぷいぷい」という昼の番組に、月に2回出ていました。他にも毎日放送の番組にも出ていて、東京と大阪を行き来していました。少しでも移動時間を短縮させたかったので飛行機で移動していましたが、それ以前は格安チケットを買い、移動中に食事をしたかったこともあり、それに８０００円ぐらいプラスするとＪＡＬの国内線のファーストクラスに乗れました。うまくいくと普通のエコノミー料金よりも安いくらいだったのですが、稲盛さんが経営の指揮を執ってからは、ファーストクラスの料金がすごく高くなりました。

これに関して、ファーストクラスに乗りたい人は運賃を気にせずに乗るから高くしても問題ないというのが稲盛さんの考えだったらしいと盛和塾の人から聞いたことがあります。本当かどうかは分かりませんが、そう言われればそうかなと思えなくもありません。**「値決めは経営」**という言葉があります。これは稲盛さんも言われていますし、一倉定先生も「経営者が値決めしろ」と厳しく言われていました。経営において値決めは大事なのです。稲盛さんは**「売上を最大に、経費を最小に」**ということを実践されたのだと思います。

一倉先生は「経営は心理学」ともおっしゃっていました。その意味では、ファーストクラスに乗る人は少々高くても乗るだろうという考え方は、よく人間の心理を分かってのことだと思います。ですから、稲盛さんがＪＡＬに行ってからは、ファーストクラスに乗るときは運賃もほぼ正規運賃でしか出なくなりました。社内全体で採算に対する考え方が高まったのでしょう。それは経営として正しい判断であったと思います。

指揮官先頭――リーダーシップとは覚悟の問題である

私はよく「**指揮官先頭**」という言葉を使います。指揮官たるべきもの、先頭に立って行動するという意味です。元々は海軍兵学校で使われていた言葉です。海軍兵学校は海軍のエリートを養成する学校ですが、「指揮官先頭」というあり方を厳しく教えていました。

とくに重大な局面においては指揮官が先頭に立たなくてはいけません。企業であれば、重要な方針を実行するときや大きなクレームが起きたときなどには、経営者が先頭に立って行動する覚悟が求められます。リーダーシップとは覚悟の問題です。いざというときにリーダーが先頭に立てるかどうかです。

稲盛さんは自ら先頭に立って現場に赴き、各部署の担当者と何遍も話をしたり、コンパを開いたりして意識の共有をはかり、ＪＡＬを再建されました。その覚悟がなければ無理だったと思います。理屈をならべ立てて、「これをやらせておけばいいじゃないか」と部下に命じていたとしたら絶対にうまくいかなかったでしょう。

だいぶ前の話ですが、アメリカやオーストラリアでタカタのエアバッグが破裂する事故が相次ぎました。問題を審議するためにアメリカの公聴会に呼ばれたタカタは、海外部門のナンバー２の白人を出席させました。ほぼ同じころ、トヨタでもカーペットが捲《めく》れたことを原因とする死亡事故が起きて、同じようにアメリカの公聴会に呼ばれました。そのとき、公聴会に出たのはリーダーの豊田章男さんでした。スーパースターが日本からやって来たというので、相手側は何時間も豊田さんに厳しい質問をして責めました。しかし、豊田さんはそれに耐えて切り抜けました。

この両社の対応の違いが原因だとは言いませんが、タカタは完膚なきまでに分解されて倒産し、良いところはすべて中国の会社が持っていきました。一方、トヨタ自動車は今も隆々としています。エアバッグの事故はタカタにとって生きるか死ぬかの大問題だったはずです。それなのに、海外担当のナンバー2を出しておこうという発想自体が間違っていたと思います。やはり重大な局面には、リーダーが先頭に立って行動しなければならないのです。そういう覚悟を持たなくてはいけないということです。

リーダーシップとは2つの覚悟であると私はよく言います。1つは先頭に立つことであり、もう1つは責任を取ることです。どちらも普段から心がけて実践していないとできないことです。「いざとなったらなんとかなる」と思っている人もいるかもしれませんが、たいていの人はいざとなってもなんともならないものです。

車を運転していて危ないと思ったら、考える間もなくアクセルを踏んでいる右足をすぐにブレーキに持っていきます。そのときに、「人が飛び出してきて危ないから右足を動かしてブレーキを踏もう」と頭で考えていたら人を轢《ひ》いてしまいます。そんなことはいちいち考えなくても、勝手に心と体が動かなくてはいけません。それが習慣というものです。

危機を察知したら、考えなくても勝手に心と体が動くようでなければ本物とは言えません。小さなことを普段から実践することで、自分の習慣にしておかなければいざという時には何もできません。

吉野家で接待――自分に自信があればとらわれる必要はない

稲盛さんは「美味しいものを食べに連れていってやる」と言って、よく塾生を吉野家に連れて行ったそうです。塾生は、稲盛さんがどんなにいいお店に連れて行ってくれるのかと期待していたら吉野家だったのでびっくりしたという話が書いてあります。稲盛さんは自分の分はいつも〝つゆだく〟を注文して、一緒に行った人がたくさん食べそうなら、牛皿を別に頼んであげていたそうです。

この話を読んでいつも思うのですが、これは自分に自信がある人でないとやれないことでしょう。誰かを接待するというときに吉野家に連れていく人はなかなかいません。でも、稲盛さんぐらいの人になると、それをやってもおかしくないと思えるのです。

よくブランド品で身を固めている人たちがいますが、あれは裏返せば、自分に自信がないということだと思います。「皇室の方はブランド品なんか持っていないでしょう」という話をよくするのですが、あの方たちは自分自身がブランドだからブランド品を身につけないのです。人間にとって中身を充実させるということはとても大事です。金持ちになったら物を買うなと言っているわけではなくて、見せかけでいい恰好をしようと思っているうちは一流じゃない、本物じゃないという気がします。

稲盛さんがプライベートで贅沢をしなかったのかどうかはよく知りません。でも、コンパなどもそこらの居酒屋でビール片手にやっていたという話はよく聞きます。良いことだと思います。華美にする必要などないのです。

ただ、みんなが節約をし始めると世の中は回りませんし、文化も発展しません。だから、バランスが大事なのだと思います。「とらわれない、こだわらない、かたよらない」ことです。

稲盛さんは仏教の修行をされていましたから、執着ということを嫌がられたのでしょう。ＫＤＤＩを設立したときも、自分は一株も持ちませんでした。上場益を得ようという考えは全くなかったのです。とくに大きな決断をするときには「動機善なりや、私心なかりしかどうか」をとても大事にされました。松下幸之助さんは自分の娘婿を後継ぎにしようとしましたが、稲盛さんは親族を一切会社に入れませんでした。それも、「私心なかりしかどうか」というところから決められたことではないでしょうか。そういう人だったからこそ、みんながついてきたということだったと思います。

もう１つ、ついでに言っておくと、**「足るを知る」**ということが大事なのです。世の中に貢献したり、自分の能力を高めて「なれる最高の自分になる」ということに対しては足るを知ってはいけないのですが、物欲や名誉欲というものに関しては足るを知らなくてはいけません。多くの人は逆です。自分の務めには適当に満足している一方、物欲に関しては無限大です。生き方を勉強しないと、そこが分からないのではないかと思います。

稲盛さんは物欲や名誉欲に関して足るを知っておられました。でも、世の中に貢献しようということに関しては足るを知らなかったのです。そこを私たちも学ばなくてはいけません。

『老子』に見る理想のリーダー

私は「『老子』に見る理想のリーダー」という話をセミナーでよくします。中国文学者の守屋洋さんの『新釈老子』という本の中には、**理想のリーダーについて「その存在さえ意識されない」**とあります。さらに、敬愛されるリーダーは存在さえ意識されないリーダーの次であって、恐れられるリーダーはそれよりも劣り、最悪のリーダーは馬鹿にされるリーダーだというのです。

理想のリーダーがその存在すら意識されないのはなぜかというと、２つの理由があると私は考えています。１つは組織がうまく回る仕組みを作っていること。もう１つは考え方の統一をしているからです。だから、部下は自分が活躍したときにリーダーのおかげだと思わず、自分がやったと思うのです。しかし、実際は、その土台をリーダーが整えてくれていたから活躍できたわけです。それを自分の手柄にせず、それどころか「その存在さえ意識されない」のが理想のリーダーのあり方なのです。

繰り返しますが、リーダーは何もしていないわけではなくて、考え方を統一して、なおかつ、それを実践するための仕組みを作っているのです。仕組みのほうはどこかで陳腐化するので、随時作り直す必要がありますが、考え方はずっと続きますから、それを統一するというのはリーダーにとってとても大事な仕事です。

「稲盛イムズ」のベースにある感謝の気持ち

その意味で、稲盛さんはまさに理想のリーダーでした。だから、稲盛さんが再建に乗り出した直後にＪＡＬの社員の意識が変わったのです。

今でも飛行機のトイレに入ると折り鶴や「ご搭乗ありがとうございます」と書いた手書きのメッセージカードが置いてあることがあります。最近も機内で買えなかったのでハガキで申し込んだ商品に「客室乗務員より」という手書きのメッセージカードが入っていました。手書きですから手間がかかるはずです。同じものを大量に作って配っているのかもしれませんが、それを実践しているのは大したものだと感心しました。

そういうふうに変わったのは、ＪＡＬの人たちが稲盛イズムを受け継いでいるからだと思います。ＪＡＬが破綻し、会社更生法の適用を申請したのは２０１０年１月でしたから、もう10年以上経っています。稲盛さんが行ってわずか３年で再上場を果たして以降、コロナで大変な時期もありましたが、潰れるか潰れないかというほどの危機に瀕したことはありません。それはＪＡＬの社員さんたちが稲盛イズムを継承しているからでしょう。

稲盛イズムは「利他の気持ち」がベースにあると思います。また、そのもとにあるのは「感謝の気持ち」です。とくに客室乗務員の人たちは、お客さまに貢献したいという気持ちを持っていたはずです。だから、破綻して「私たちはこれからどうなるのかな」と考えたときに、もちろん経費の節減という強い要請もあったでしょうが、そういった大きな制約の中でも「お客さま第一」でどうやってサービスを向上させていくかということを必死に考えたのでしょう。

その思いが稲盛さんの改革をきっかけとして開花したとも思います。それは稲盛さんだからできたことです。戦略コンサルタントが入っていても再建はある程度は成功したと思いますが、今のＪＡＬのような形にまでできたかどうかは分かりません。

私はよく「お客さま第一というのは工夫と感謝です」と言っています。商品サービスに関しては工夫が必要ですが、そのベースに感謝の気持ちを持たないと、本当のお客さま第一にはならないのです。本当の工夫ができる人は、必ず感謝の気持ちを持っています。

京成電鉄の社内報に載った有名な話があります。京成電鉄は子会社として東京ディズニーランドを運営しているオリエンタルランドを持っています。私は京成電鉄さんの幹部研修をしていたことがあるのですが、そのときにご好意で見せていただいた社内報にこんな話が書いてありました。

ある若い夫婦がディズニーランドへ行って、レストランに入ったそうです。そのご夫婦は自分たちの食べ物を注文したほかに、お子様ランチを1つ頼みました。ウェートレスさんはよく気がつく人で、「お子様ランチもご一緒でよろしいですか」と聞きました。するとご夫婦は「自分たちには小さい子供がいたのですが亡くなってしまったのです。その子をディズニーランドに連れてくるのが夢だったのだけれどかなわなかった」と言いました。話を聞いたウェートレスさんは２人席に座っていたご夫婦を４人席に案内し、席の１つを子供用の椅子に代えて、そこに水を１つ置いてお子様ランチを持ってきました。それに感動したご夫婦がオリエンタルランドに手紙を出して、それが社内報に載ったのです。

そのウェートレスさんのしたことは、席を移動してもらって、椅子を子供用に代えて、水を１つ持って来たということだけです。これは工夫です。しかし、そんな工夫ができるのは、彼女に仕事に対する誇りや感謝があったからだと思います。そうでないとなかなかできないことです。

ＪＡＬのサービスが良くなったのも同じで、お客さまへの感謝の気持ちを持てたからでしょう。元々、資質の高い人が多かったことは間違いないでしょうが、そのきっかけとなったのが破綻というショッキングな出来事であり、その後、稲盛さんからいろいろ教わったことで考え方が変わったのだと思います。

私は「有難い」という字を使うときには必ず漢字を使っています。なぜかというと、「有ることが難しい」ことだからです。当たり前だと思うと感謝の気持ちは出てきません。中小企業の経営者にも「会社があるのは当たり前、お客さまがいるのも当たり前、従業員さんが来てくれるのも当たり前、銀行さんが貸してくれるのも当たり前、そう思っていると感謝の気持ちなんか出ませんよ」とよく言います。

創業経営者は苦労をしているので、それが当たり前ではないことが分かっていますが、2代目3代目になると、あるいは創業経営者でも長い年月が経って事業が順調に回るようになると、当たり前だと思うようになってしまう人も出てくるのです。でも、そこで感謝の気持ちをなくすと会社も人生も大体ダメになります。

慣れというのは恐ろしく、慣れるとそれが当たり前だと思ってしまいます。JALの人たちは破綻によって会社があるのは当たり前ではないと気づいたのでしょう。それは、一種の効果的なショック療法だったと思います。

〈事例〉ワコオ工業に見る指揮官先頭

北海道に本社のあるワコオ工業は、安全弁・調整弁・バルブ・ポンプなどのメンテナンスを専門に行う会社です。私は和田一仁社長と懇意にさせていただいています。

和田社長は2代目ですが、元々は一倉定先生の主宰する一倉会に所属していて、先生が亡くなられたあとに盛和塾に通われるようになりました。稲盛さんの考えを大切にして経営をしっかりされて、従業員さんをとても大事にしています。稲盛さんの「働く人の物心両面の幸せ」ということと、一倉先生の「お客さま第一」とを徹底して実践しています。先代のときには借金も多かったのですが、指揮官先頭で社内改革を進めた結果、今は会社も大きくなって利益率も上がり、自己資本比率も高くなっています。

安全弁・調整弁・バルブ・ポンプには大小さまざまあります。発電所や石油化学コンビナートなどで数多く使われていますが、中身が漏れないように定期点検が絶対に必要です。ワコオ工業では、それらを取り外して預かって点検したり、現場でメンテナンス作業をすることを主な仕事にしています。冬場の北海道でのメンテナンス作業はなかなか厳しいようです。しかし、そういうときでも、「お客さま第一」の姿勢を貫いて、お客さまが待っていたら吹雪の中でも出かけて行くとのことです。

私が和田社長と知り合ったころは、北海道一か所が拠点でしたが、今は岡山にも営業所がありますし、関連会社を北海道、千葉、横浜で買収し経営しています。岡山の営業所も買収した会社です。そのためか、社員さんたちは最初、働きがいを十分に感じていなかったようです。それでも、稲盛さんの教え、一倉先生の教えを徹底し、良い仕事の定義である「お客さまが喜ぶこと」「働く仲間が喜ぶこと」「工夫」の3つに集中して仕事をしているうちに働きがいが増してきたといいます。それに伴って、業績も改善されてきています。今ではフィリピンにも拠点を置き、海外での活躍も増え、盛和塾の全国大会で入賞も果たしました。

和田社長は常に先頭に立って会社を引っ張っています。それがワコオ工業の一番の強みであると思います。

第Ⅱ部　経営手法編

第5章　アメーバ経営

高い目標を立てる――荒唐無稽な目標も志があればこそ

経営の目的や志として「世の中に貢献する」といった言葉がしばしば掲げられます。それは、正しい考え方をすることが経営の成功に大きな部分を占めているからに他なりません。では、目的と目標の違いはどこにあるでしょうか。一言で言えば、目的とは存在意義であり、目標はその通過点で、目的達成の達成度合いの尺度であったり、目的達成の手段です。

たとえば、稲盛和夫さんは中京《なかぎょう》区で1番になり、京都で1番になり、日本一になり、世界一になるという目標を立てました。このように、目標とは測定可能なものでなくてはなりません。達成したかどうかが分かるものでなくてはいけないのです。先述した梶原浩喜理事長の宝歯会にしても、来院客数日本一とか世界一というように、分かりやすい目標を立てています。

目標の最上位に掲げられるのは「どういうものになりたいか」というビジョンです。経営者とは、志があって、目的があって、それに合わせて高い目標を持てるかどうかが大事なのです。中には荒唐無稽《こうとうむけい》な目標を立てる人もいますが、それもある意味、志があるからでしょう。

ニトリホールディングス会長の似鳥昭雄さんの『ニトリの働き方』（大和書房）という本に書いてありますが、まだ2店舗しかなかったときに似鳥さんは30年計画を立てています。似鳥さんは30年計画を2回立てていて、現在は2回目の30年計画の20年目ぐらいにあたります。１９７３年に1度目の30年計画を立てたときは、30年後の2００2年の売上高を８２２億円にするという目標を立てています。そして、この目標を1年遅れで達成しています。そこから2度目の30年計画を立てたわけですが、その終わりにあたる２０３２年の最終目標は3兆円企業を作るというものです。20年目の２０２２年の目標は売上高１兆円を掲げていて、それに近い額を売り上げています。おそらく2回目の30年計画も、あと10年で達成するのではないかと私は見ています。

このような**高い目標を立てるには、志や戦略の裏打ちが必要**です。多くの経営者は積み上げ方式で目標を立てますが、「それは総務部長が立てる計画でしょう」と私はよく言っています。志が高ければ、ビジョンや長期の目標が立てられるはずなのです。**そして短期の目標は、なるべき姿からバックキャスティングできるからです。**

稲盛さんはセラミックスで日本一、世界一を目指しましたし、松下幸之助さんは250年計画を立てたといわれます。たとえば世界の半分のシェアを持とうとすれば、それは自分一代では成し遂げられません。だから、どうしても長期の目標を立てることになるわけです。その意味では、荒唐無稽といわれても高い目標を持つことは大事なことです。

孫正義さんの有名な話があります。孫さんがソフトバンクという中古ソフトを売る会社を始めたときに、2人のアルバイトを前に台の上に乗って「この会社は豆腐を1丁、2丁と勘定するように、1兆円、2兆円と売る会社になる」と言ったそうです。そうしたら、それを聞いてアルバイトの人が辞めてしまったというオチがついています。しかし、どうでしょうか。ソフトバンクは本当に7兆円近くも売り上げる会社になりました。

そういう夢みたいな話を本気で信じられるかどうかです。夢を実現するためには、志とか目的を持つことが絶対に必要です。

目標設定の仕方——小さな単位で月次計画を立てる

次に目標の設定の仕方ですが、これはできるだけ小さな単位で、なおかつ月次でやれるようにすることです。計画のベースは年次計画だと思いますが、1年計画を立てていると、1年間、放ったらかしにされることがしばしばあります。毎月見ていても、年次計画がどこまで進捗《しんちょく》しているかは分かりません。だから、それを月次にきちんと落とし込むことが大事なのです。それも、できるだけ個別にすることです。

よく言うのですが、団体になると責任が分散してしまいます。だから、できなくても「みんなのせい」で済んでしまうのです。「共同無責任」になるのです。もちろん、みんなのためにと思ってチームプレイでやればそれが一番いいのですが、実際にはなかなか難しい。だから、個人の目標をきちんと持つことが大事になります。

そして目標はボトムアップによって設定します。つまり、下の人たちから「自分たちはこれをやる」と決めるのです。上が決める大きな目標ももちろんありますが、それだけでなく、下の人が自分たちの目標を決めることが大事です。それも地に足の着いた目標にすることです。

10年計画であればある程度、荒唐無稽の目標でもいいのですが、1年計画ではそうはいきません。現実には一人ひとりが10年計画を立てることはできないし、会社の仕組みもそういうふうにはなっていません。だから、ボトムアップで目標を設定して、それが会社全体の目標と整合性がとれているかどうかを上の人がきちんと見るようにすればいいのです。そして、その1年計画はよほどのことがない限り、必ず達成させるのです。

それに関連して、目標達成には「責任」を持つことが大事です。仕事はみんなでしているわけですが、それを自分の責任と思うかどうかでパフォーマンスは全く違ってきます。「言われたからやっています」というのでは責任を持つことにはなりません。「私の仕事としてやっています」と思えるかどうかです。一人ひとりが責任を持って、「ここからここまでは自分が絶対頑張ってやります」という気持ちを持たなくてはいけません。

これは数字だけの話ではありません。当社であれば、セミナーをやるというときに誰かが責任者になって「これは自分の責任だ」という気持ちでやり遂げることができるかどうか。そこが重要なのです。チームでやらなくてはならないことはもちろんありますが、そうであっても、誰かが責任者にならなければ回っていきません。そして、それぞれ個別の仕事でも、それぞれが責任を持ってそれを行うことが大切です。書類を作るにしても、自分の責任として作るのと、単に言われたから右から左に体裁だけ整えておこうと思うのとでは全く違ってきます。後者であれば、いい仕事には絶対になりません。ダメな会社の特徴は、共同無責任なのです。

目標は必達が原則

そして「目標は必達が原則」です。これは稲盛さんもおっしゃっています。私が嫌いなのは、「どうせ社員は大して働かないから」と考えて少し高い目標を立てて、「その7、8割が達成できたらいい」と考えるような目標です。ダメ社長がよくやりがちなことです。そんな目標を立てている会社は絶対にうまくいきません。

そう断言できる理由はいくつかあります。1つは部下を信じていないこと。高い目標を立てて7、8割達成できればいいと思っているような経営者は、部下を信じていないとともに、部下からも信じられていません。だから、部下も7、8割できればいいかと目標達成に本気にならないのです。

私は連載と本の出版以外に、時々、単発で原稿を頼まれることがあります。そのときの締め切りの設定を見ると、編集者の人間性がよく分かります。中には「どうせ遅れるから早めに言っておこう」と考える人がいるのです。そんな編集者はだいたい仕事のできない人です。私は絶対に原稿の締め切りを遅らせませんが、そういう考えの人に限って、早めに原稿を渡してもゲラが返ってくるのが遅いのです。自分の仕事はゆっくりやるのに、人のことは信じていないから締め切りは早めに設定するというわけです。こういう人に良い仕事ができるとは到底思えません。

かつてアメリカのＧＥは、外部環境（社会環境）と内部環境（社内環境）がそれぞれ１００％整っているときにどこまでやれるかを目標として設定しました。それを「ストレッチ目標」といいます。内部環境が１００％というのは、予定した数の採用ができたとか、営業所の数が想定通りにできたとか、開発が順調に進んだというようなことです。

ちなみに、外部環境は予測できません。コロナが蔓延《まんえん》するとか、自然災害が起こるというようなことがあるからです。外部環境のせいで目標が達成できることもあるでしょうし、できないこともあるでしょう。ライバルが潰れたから目標より売れることもあると思いますが、そういう外部環境を要因とするものは評価の対象になりません。

しかし、予定通り人員が採用できたとか営業所が増えたというような内部環境は自分たちの努力の問題ですから、それがうまく整わなくて目標が未達に終わった場合は評価にかかわります。GEはそういう目標の立て方をしました。

中小企業の場合、そこまでの環境分析はできませんから、「これぐらい我慢して頑張ればギリギリで達成できる」という目標を立てられるかどうかは経営者の腕次第です。この場合、従業員の能力を信じてベストの目標を立てている人と、ちょっと高めに立てておけば8割ぐらいは達成できるだろうと考える人とでは中身が全然違います。

従業員の能力を信じて目標を立てるからこそ、「目標は必達が原則」になるのです。

最初からできもしない目標を立てて「必達」というような経営者は無能以外の何もの

でもありません。経営者は自分の会社の実力を知らなければいけません。とくに短期の目標達成に対しては、その部分が大事になります。

ニトリのように、長期目標に関しては夢の部分もあっていいのです。そして、実際にそれを達成する人もいます。だから、志や目的をベースに長期の目標を立てて、「ここまではやれるのではないか」という目標を立てるわけです。梶原理事長の宝歯会にしても、一軒で始めたところから日本一になり、今は世界一を目指しているわけですから、言葉にしたから実現するという部分も確かにあると思います。

「グッドはグレートの敵」なのです。「こんなものでいいか」と思えば成長は止まってしまいます。「なれる最高の自分になろう」と思い、宇宙の原理、生成発展に乗ろうと思うのならば、適当なところで妥協をしてはいけないということです。

なぜ稲盛さんは中期計画を立てなかったのか

上場している会社は、大体10年計画を立てないと投資家が納得しません。しかし、ベースに明確なビジョンがなければ10年計画を立てるのは難しいでしょう。稲盛さんは中長期計画を立てませんでした。なぜかというと、「環境は変化する」という理由とともに、「経費計画だけがきちんと実行されることになる」からだというのです。

これは全くその通りです。長期計画を立てると、経費の計画だけはほぼ100％実行されることになります。しかし、計画を立てたときと環境が変わってしまうことはよくあります。その結果、売上計画が達成できていないのに、経費計画だけが予定通りに実行されるというのはおかしな話です。

今回のコロナショックとか2008年のリーマン・ショックとか2011年3・11の大震災というような予期せぬ事態が起これば、売上計画は達成できません。そんな中で経費計画だけが進むのはおかしいと稲盛さんは言っているわけです。

私は、経営者に対して「毎年３年計画を立ててその１年目をやってください」とお願いしています。１年計画だけではどうしても近視眼的になるので、３年計画を毎年立ててその１年目を実行するのです。

一方、稲盛さんは、しっかりしたビジョンを持って１年目に全集中するという考え方をされていました。ビジョンがぶれなければ、別に３年計画であろうが１年計画であろうが大差はないということなのだろうと思います。

その通りではあるのですが、私は、３年ぐらい先を見通しておかないと１年目の計画が良い計画にならないと思っています。ただし、現実を見ると、３年計画は３年もちません。３年前にコロナがこれだけ続くと思っていた人はほとんどいないでしょう。だから、毎年３年計画を立ててくださいと言っているのです。そして、毎年立てる３年計画の１年目を取り組んでくださいとお願いしています。１年目に全集中するという意味では稲盛さんと同じですが、３年ぐらい先を見た上で１年計画を立てないと、計画の達成が難しいのではないかと思うのです。

先にも言いましたが、**目標を忘れないことが一番大事**なのです。個人の目標もそうですが、月次の目標を立てたら月次で反省会を開かないと忘れてしまいます。よくPDCA（Plan→Do→Check→Act）といいますが、目標と結果の間には乖離《かいり》が生じるものです。目標通りにいく場合もありますが、大半はその通りにいくことはありません。そのときに、何が足りないかを考えて、すぐに修正することが大事なのです。

昔、ある会社が行ったプロジェクトが思ったほどうまくいかなかったことがあります。そのときに私が提案したのは、PDCAを確認する会議をそれまでの1か月から1週間に代えてくださいということでした。1か月に1回のチェックだと、参加者の多くがそこを乗り越えたらホッとしてしまって、2週間ぐらいは気が抜けた感じになってしまうのです。それを1週間に1回にすると、乗り越えてもすぐに次の週の会議が来るからホッとしている暇がありません。そのため、うまくいかないのはなぜなのか、立てた計画通りにちゃんと行動しているのかというような細かな点検ができるようになります。だから、計画がうまく進まないときにはＰＤＣＡのサイクルを早くするというのも１つの方法なのです。

その会社では、毎週会議で確認しなくてはならないから幹部が必死になって考えて、それを下に落とし込みました。部下たちも、自分たちがやらない限り結果は出ないから、こちらもＰＤＣＡサイクルを早くして必死で取り組みました。その結果、業績は予想したよりも早く改善したのです。

目標と経営哲学

目標を追いかけて達成できたら楽しいし、達成できなかったら苦しいというのは、具体的に達成できたかできなかったかというレベルの問題です。そういうときに、目的や働く意義をしっかりと持っていないと、数字のゲームになってしまう可能性があります。

先にも書いたように、私の師匠の藤本幸邦老師は「お金を追うな、仕事を追え」と言われました。目標には数字的なものが掲げられることが多いので、それを達成しようとするとお金を追いかけるようなゲームになりやすいのです。しかし、仕事や経営をゲーム感覚でやられたらたまったものではありません。人生はゲームではないのです。

だから、目的や働く意義が必要なのです。あるいは、お客さまも働く仲間もアウトプットを求めているのだという仕事観・人生観をきちんと持たなくてはいけません。そうしないと、目標だけが独り歩きしてしまいます。

東芝のかつての社長は「3日で120億の利益を出せ」と部下に命じました。「3日で120億」というのは目標ですが、そんなできるわけのないことを社長から命じられたら下の人は困ってしまいます。その結果、不正会計に走ったわけです。「3日で120億」という言葉だけでは、なんのために仕事をしているのか、なんのために東芝という会社が存在しているのかといった意義や目的が全く分かりません。東芝の社長になるぐらいの人ですから、そこその大学を出ているのでしょうが、生き方や経営哲学は全く勉強していなかったのでしょう。そういう人が三代も続いたから、あれだけの名門企業が完膚なきまでに分解されて、上場したり、上場廃止したりというようなことを繰り返さざるを得なくなったわけです。これは働いている人や株主にはたまったものではありませんが、反面教師としてはとても良い事例だと思います。考え方、生き方、経営哲学といったものが経営者にないと正しい経営はできないということです。

稲盛さんが言われているように、**ビジネスは人生の一部で、人生がうまくいく人はビジネスもうまくいくのです**。逆に言えば、正しい人生哲学を持って仕事にも人生の意義を感じながら行わないと、間違った道に迷い込むことになると私は思います。稲盛さんが教えてくれた最も大事なことはそのことかもしれません。

経営哲学がしっかりしていれば、あとはなんとかなるものです。技の部分は人が手伝ってくれます。お金を払えばいろんなことを教えてもらえるし、代わりにやってもくれます。しかし哲学の部分だけは、周りにいくら立派な人を置いても、自分で勉強しなければ身につかないし、成長しないということなのです。

その話で思い出したことがあります。この間、松下幸之助さんの元秘書の江口克彦さんにお話を伺っていたら、松下幸之助さんが値下げ競争に巻き込まれたことがあったそうです。そのとき、松下さんは加藤大観さんというお坊さんに相談をして教えを請うたそうです。加藤さんは松下さんに「相手が値下げだとか不正なことをやるから自分もやるというのは立派な大将のやることでない」と言われたそうです。それで松下さんは「定価は神聖なもの」という考えに至り、不正な値下げ競争はやらないと決めたというのです。これも1つの哲学だと思います。

こういうしっかりした考えを持った人を師匠に持つとか、常々良い本を読んで勉強をしておかないと、人間はつい安易なほうに走ってしまいます。その結果、人生もビジネスもおかしくなってしまうことがあるということを忘れないようにしたいものです。

稲盛さんの考え方のベースにある中村天風さんの成功の体系

稲盛さんの本には中村天風さんの話が出てきます。私も最近、中村天風さんの本を丹念に読み直していますが、分かったことがあります。中村天風さんが述べている成功の体系の一部を稲盛さんや松下さんはうまく取り入れていることに気づきました。

宇宙には宇宙の根源というものがあって天風さんはそれを宇宙霊と呼んでいます。この宇宙霊が宇宙を作り出したというのです。そして、万物の霊長である人間は、宇宙霊が作り出したすべてのものを取り入れることができる。その取り入れるための道具が人の心だというわけです。

宇宙のエネルギーである宇宙霊を取り入れられる人と取り入れられない人がいると天風さんは言います。心は誰もが持っていますが、天風さんの言葉を借りると、宇宙の霊と結合できる人とできない人の差は、正しい考え方、積極的な考え方、感謝の気持ち、美しい心といったものを持っているかどうかであって、それらを持っている人は取り入れられるし、持っていない人は十分に取り入れられないのである、と。

心が神経を通して肉体を作っているというのが天風さんの考え方です。これは科学的に証明できませんから信じるか信じないかという話ですが、宇宙を作り出したものは確かにあるはずです。天風さんは、よく卵が先か鶏が先かという議論をするけれど、宇宙霊が卵や鶏を作り出したのだから、別に卵が先にあったわけでも鶏が先にあったわけでもない、というようなことも書かれています。

要するに、宇宙は生成発展しているということです。松下さんや稲盛さんは、天風さんの宇宙霊に関する部分は除いて話されていますが、それ以外のことに関しては同じことを言われていると思います。松下さんは生成発展を大事にされていましたし、稲盛さんは積極的な心を大事にされていました。

これは私の推測ですが、宇宙霊に関しては読者の人が分かりにくいし、ある意味、精神的、宗教的な部分があるから、稲盛さんの本には少しは記述がありますが、松下さんも稲盛さんもあえて外したのではないかという気がします。私自身は、宇宙霊という考え方を取り入れたほうが分かりやすいと思いますが、いずれにしても、松下さんと稲盛さんと中村天風さんの考え方には通底している部分が多くあると感じます。

それから利他の心を持つ、美しい心を持つということについて、天風さんの本の中には、そんな心のひとつとして「足るを知る」ということが書かれています。物欲に溺れている人は足るを知りません。そういう人たちは宇宙霊と心がうまく結合しないと解釈できるのではないかと思います。

稲盛さんは「正しい心で生きなさい」とおっしゃっていますし、松下幸之助さんにもそれに近い話がたくさん出てきます。そういう点でも、中村天風さんの考え方が稲盛さんの考え方の１つのベースになっていることは間違いないように思います。

「人時生産性」を高めるアメーバ経営――付加価値額を極大化する

稲盛さんの経営手法の核になっているといえるのがアメーバ経営です。アメーバ経営では、従業員をできるだけ小さな単位の集団――一般的には７人とか10人程度――に分けて、「人時生産性」を高めることを考えます。「人時生産性」とは、従業員１人が１時間あたりに上げる付加価値額（売り上げから仕入れ等を引いたもの）のことですが、それをいかに極大化していくかを考えるのがアメーバ経営なのです。

先に事例に挙げた小林記念病院もアメーバ経営を導入していますが、できるだけ小さな単位にしたほうが自分たちで工夫ができるのです。言われた通りに右から左に仕事するより、創造的な仕事ができやすくなります。だから、できるだけ小さな単位の集団にして、それを責任単位としようというのがアメーバ経営の特徴です。正確に小集団ごとに生産性を測るのは難しいので、ある程度の割り切りは必要ですが、経営手法の１つとして有効なやり方ではないかと考えます。

名目国内総生産（名目ＧＤＰ）というものがあります。これは国内で、ある一定期間に作り出される付加価値の合計のことです。今、日本の名目国内総生産は１年間で約５７０兆円ほどになっています。見方を変えると、名目国内総生産とは、会社の中などで作り出される付加価値をすべて足したものということになります。

会社の中で作り出される付加価値の中で一番多く払い出しているものは、人件費です。付加価値に占める人件費の割合を「労働分配率」といいます。これはマクロ経済でも企業経営でも同じ言葉を使いますが、国全体でいうと作り出した付加価値の６割弱ぐらいが人件費として家庭に分配されています。

言い方を変えると、付加価値を作り出さない限り、給料を払えないのです。もっと言うと、一人あたりの付加価値額を増やしていかない限り、給料は増えないということになります。売り上げがいくら高くても、付加価値額が十分に出ていなければ、給料は十分に払えないわけです。

これに関して、稲盛さんは売り上げの1割の営業利益を上げるように書いておられます。この考え方は製造業であれば8割方の企業に適用できると思います。我々みたいなコンサルタント業やサービス業などの業種であれば、ほぼ100%付加価値ですから1割の営業利益は比較的簡単に出ますし、逆に言えば出さないとやっていけません。

すでに述べたように、私はお客さまに「付加価値の2割の営業利益を出してください」と話しています。付加価値率は業種で結構違っていて、我々みたいにほぼ100%が付加価値という業種もあれば、卸売業のように15%程度の付加価値しか出ないところもあります。卸売業で売上高の1割の営業利益を出すのはほぼ不可能です。そこで、付加価値から逆に考えてその2割の営業利益を出してくださいとお願いをしているわけです。

ついでに言うと、付加価値から給料を払っているので、給料を下げれば営業利益は出やすいのですが、それだと意味がありません。最初に言ったように、「特有の使命を果たす」ことと「働く人を活かし幸せにする」ことが企業の存在意義だからです。すでにお話ししたように、働く人を幸せにするには、働く幸せ（働きがい）と経済的幸せの２段階があります。経済的幸せに関して、一倉定先生は同じ地域で同業他社の１割多い給料を払いなさいという話をされましたし、私は中小企業であっても一生自社のために働いてくれる幹部には最低でも年収１０００万円を払ってくださいという話をよくするわけです。

その条件を満たしたうえで付加価値の２割の営業利益を出すというのが、私の考える良い会社の条件です。これが高収益の基準になります。

いずれにしても付加価値を高めることが大事なのです。そういう意味で、アメーバ経営の「人時生産性」という考え方は理にかなっています。一人が一時間あたりに上げる付加価値額をいかにして増やしていくかということは、会社が適正な利益を生むことともに働く人の幸せとも大きく関連する経営の根幹にあたる問題で、とても大事なことです。

付加価値活動と非付加価値活動――ＪＡＬ再建に見る経費管理

ＪＡＬの再建に際して、稲盛さんはいろんな現場に行かれて会議に出て、現場の人たちと話し合いをするとともに、経費を１つずつチェックしていきました。そして、作業現場で使う軍手までも、もっと安くならないのかと問いかけました。経費を削減するというときに大事なことは、「付加価値活動」と「非付加価値活動」という概念です。付加価値活動とは、お客さまから見た価値が上がる活動です。たとえば、製造における品質管理、あるいはお客さまに提案する営業活動などは付加価値活動にあたります。一方、社内での伝票整理とか、営業担当が社内向きのレポートを書くようなことは非付加価値活動になります。

経費削減の観点からいうと、まず、やっていることが付加価値活動なのか非付加価値活動なのか分けなくてはいけません。そのうえで非付加価値活動からコストを削減することが大原則になります。お客さまから見た価値を高めるような活動のコストを削減すると、お客さまからの評価が下がる可能性があります。しかし、社内で必要のない会議を減らすとか、３枚書いていたレポートを１枚にするということは、削減してもお客さまにはなんら関係がないので、価値が下がることもないのです。

ところが、業績の上がらない会社に限って、社内でやっている非付加価値活動には手をつけず、付加価値活動の削減に手をつけるのです。

ＪＡＬが破綻する前に、私は少し嫌な体験をしました。仕事でロンドンに行ったときでした。当時は飛行機に乗ってから食事のオーダーを取っていました。私はビジネスクラスの後ろのほうに座っていたのですが、前の席から順番にオーダーを取ってきて私のところまで来たら、私がオーダーしたいものが品切れで「他のものにしてください」というわけです。正規料金――確か80万円ぐらい払っていたと思います――でビジネスクラスに乗っているのに、これはないだろうと思いました。辛抱すべきものかもしれませんが、これはダメな会社はお客さまに対する付加価値活動から経費削減するという一例です。

その一方で、当時のＪＡＬはパイロットやＣＡさんがタクシーやハイヤーで出社するといった非付加価値活動は削減しませんでした。今はそういうことはないそうですが、ＪＡＬが破綻した理由はそういうところにもあったと言えるでしょう。

ＪＡＬではもう1つ驚いたことがあります。これも潰れる前の話ですが、羽田空港で国内線の飛行機を待っていたら出発が遅れるというアナウンスが流れました。仕方ないなと思っていたら、定刻を過ぎたころに私たちの目の前をパイロットが通って飛行機に乗っていったのです。つまり、アナウンスがあったときは、まだパイロットは飛行機に乗っていなかったわけです。普通、離陸が遅れるにしてもパイロットは飛行機に乗って待機しているものでしょう。アナウンスがあって10分もしてからパイロットたちが乗り込んでくるというのは、怠慢以外の何ものでもありません。こんなことをやっていたら潰れるなと思っていたら、本当に潰れてしまったのです。

結局、そのころのＪＡＬはお客さま第一ではなかったのです。組合が７つもあったと聞きました。そんなひどい状態のＪＡＬを、稲盛さんは考え方とともに経費削減を断行して再建されたわけです。その労力や熱意たるや並大抵ではなかったことは容易に想像ができます。

そして付加価値活動については、「バリューエンジニアリング」、つまり活動していく中で同じ価値を出すものをより安くできないかと考えることです。お客さまから見た価値を下げずに、コストを下げるのです。過剰包装や過剰な接遇を減らすのもそのひとつです。

経費削減と売り上げの増大——企業再生の手順

稲盛さんの言葉に「**売り上げを最大に、経費を最小に**」というものがあります。すでにお話したように、ＪＡＬが破綻する前、私は多いときで年に80回ぐらい飛行機に乗って移動をしていました。それから同じ年ではないけれど、新幹線は最高で年に170回乗ったことがあります。その年は飛行機にも50回乗りましたから、一年で220回長距離移動をしたことになります。

私は大量の出張をしており、少し大げさですが命にかかわるので、飛行機代やホテル代はケチらない主義で、自分が一番快適だと思う乗り物に乗り、快適だと思うホテルに泊まっています。誤解のないように言っておきますが、快適イコール高価格というわけではありません。去年、私が1番多く泊まったホテルはリッツカールトン大阪で22泊していますが、2番目に泊まったのは愛知県尾張一宮駅前にあるアパホテルで16泊しています。要するにホテルのグレードにこだわっているわけではなくて、自分が心地よく眠れるホテルを選んでいるのです。

それでも飛行機や新幹線は良いクラスの席のほうがゆっくり過ごせますし、対応がいいのは確かです。だから、飛行機の国内線ではJALであればファーストクラスに、ANAだとプレミアムクラスに乗ります。ファーストクラスがないJAL便ではクラスＪに乗ります。また、電車の移動はほぼすべてグリーン車に乗ります。

前にも述べましたが、稲盛さんがＪＡＬに来られる前は値段が全く違っていました。下手格安チケットを取って８０００円プラスするとファーストクラスに乗れました。下手をすると普通席より安くファーストクラスに乗れることもありました。ＡＮＡのプレミアムでもそういうケースがありました。ところが、稲盛さんが「ファーストクラスに乗りたい人は少々高くても乗るだろう」と言われたとかで、今では安い普通席プラス８０００円でファーストクラスに乗れるという選択肢はなくなっています。ファーストクラスの料金は、最初から運賃自体を高く設定しています。

この「売り上げは最大に」とは「お客さまから見た価値の最大値の値段を付けなさい」ということです。国内でファーストクラスに乗るお客さまは少々基本運賃が高くても乗るというのは確かにその通りでしょう。だから、お客さまから見た価値を最大限に上げて、それに応じた値付けをして、売り上げを最大に伸ばしましょうというわけです。変に安売りする必要はないということなのです。

お客さまから見た価値というのはとても大事です。これは我々の業界でもあることですが、自信のないコンサルタントは値引きをするのです。お客さまから見た価値を自分自身で低く見ているということです。本当に自信があれば値引きをする必要はありませんし、そこでの売り上げを最大にすることを考えるべきです。

これに対して、「経費を最少に」とは、どれだけ安い費用でやれるかということです。破綻したとき、ＪＡＬは不採算路線を多数持っていました。政治家が「うちの地域に飛ばしてくれないか」と政治力で路線を開かせたうえに、どんぶり勘定で運航していたのです。一便ごとの採算は何か月も経たないと出てこないし、出てきてもろくに検討をしないという状況だったようです。

稲盛さんはそういう不採算路線を断ち切りました。それによって経費を大幅に削減したのです。小さなところをいくら変えてもたかが知れています。やはり大きなところに手をつけてきちんと採算管理をしないと事業は成り立たないのです。だから、稲盛さんは真っ先に不採算路線に手をつけたわけです。それは正しいやり方だったと思いますし、お客さまに対する価値を正確に見い出すということでもあるのです。

さらに言うと、赤字を垂れ流しにすると黒字路線の黒字まで食ってしまいます。そうすると従業員の待遇改善や飛行機の入れ替えもできなくなります。今、ＪＡＬは機材の入れ替えをやっています。２０１０年1月に潰れたあと、まず燃費の悪い７４７ジャンボジェットをすべて退役させて７８７に変え、今はエアバスのＡ３５０などを使うようになっています。

経費は大きなものも小さなものも必ず見直しをすることが大事です。そのときに聖域なくやることが欠かせないのです。

このように「経費を最少に」と稲盛さんは言ったわけですが、一倉定先生は「経費はゼロ以下にはならない」とも言っています。いくら経費削減をするといっても経費はゼロ以下にはなりません。だから、お客さまに焦点をあてて売り上げを伸ばせというこ とを一倉先生は厳しくおっしゃっていました。

私も長く経営コンサルタントをやっていますが、これは稲盛さんの考え方が間違っているとか、一倉先生の考え方が違っているという話ではありません。会社が危機に陥ったときにまずやれることは、経費削減なのです。お客さまにどういう商品やサービスを提供しようかと考えることも大事ですが、それによってすぐに結果が出るかどうかは分かりません。しかし、経費を削減すればその分１００％効果が出ます。

一番分かりやすいのは、日産自動車が危機に陥ったときに、今は評判を大きく落としましたが、カルロス・ゴーンがしたことを思い出せばいいでしょう。彼はミスター・コストカッターと呼ばれたように、容赦なくコストを削減しました。社内のプロセスを見直し、人事制度を変え、カーデザイナーたちを年俸制で雇うようにしました。一番大きな改革は、高くつく系列部品会社を切ったことです。そういうコストカットを実行すれば、その分、直接的な効果が出ます。これは確かなことです。

私も潰れそうな会社を見るとなったら、コストを下げられないかということと、資産の売却ができないかということを最初に考えます。そして、キャッシュフロー（次章で詳しく説明します）を月次でも週次でもプラスにしていくことを目指します。そこで当面の延命確保ができたら、次にお客さま第一を再度徹底し、売り上げを上げて利益をどれだけ確保できるかということを考えていきます。

会社の再建に際しては経費削減も必要だし、売り上げを伸ばすことも必要なのですが、手をつける順番があるということです。

仕事と責任――ひとりひとりが経営者

先にも述べましたが、経営においては、ひとりひとりが自分の責任を自覚して仕事をしてくれるかどうかがとても大事です。言われたことを言われた通りにやるのと、責任を持つこととは違います。どこまでを自分の責任範囲と考えてくれるか、あるいは「これをやり遂げないといけない」と考えてくれるかが大切なのです。言い方を変えると、経営者は従業員に責任意識をきちんと持たせなくてはいけません。それができるかどうかによって仕事のできが変わってきます。

その点で、アメーバ経営とか小集団経営は、個々が責任意識を持ちやすい仕組みになっているんだと感じます。やるだけやったらいいだろうというのでは本当の責任を持っているとは言えません。それは地位の上下に関係ないことです。とくに経営者は、会社で起こっているすべてに責任を持たなければいけません。

「電信柱が高いのも、郵便ポストが赤いのも、全部自分のせいだと思え」という一倉先生の有名な言葉があります。実際は電信柱が高いのは電力会社のせいだし、ポストが赤いのは日本郵政のせいなのですが、それぐらいに思っていないとリーダーや社長は務まらないというのが一倉先生の基本的な考え方でした。どこまでそう考えるかという範囲かは別にしても、それぞれが責任を持って仕事ができているかどうかはとても大事なことです。

それに関して、松下幸之助さんは「ひとりひとりが店主」という考え方を持ちましょうと言っておられます。今の時代は暖簾《のれん》分けというのはなくなっていると思いますが、会社の中にいても「ひとりひとりが経営者」という意識を持つことが大事だというのです。

また、「給料の三倍働く」ということも松下さんはおっしゃっていました。もちろん金額できっちり三倍というわけではないのですが、三倍分ぐらい働いているという自覚と自負を持つことが大事なのではないかということです。先の責任の話と同じで、雇われているのだからその範囲でやっていればいいというのではなくて、責任を持ってきちんとやることが大事なのです。経営者も同じで、特権階級ではなく、給与の三倍働いているかを常に自身に問いかけなければなりません。

一倉先生は面白いことを言っています。よく経営者で「課長になったら部長の視点で部長になったつもりで仕事しろ。部長になったら役員になったつもりで仕事をしろ」と言う人がいますが、これに対して一倉先生は「課長が部長の仕事をするのだったら部長の給料を払ってやれ」というのです。要するに、「課長は課長の、部長は部長の、役員は役員の、社長は社長の仕事をきちんとやることが大事だ」というわけです。『論語』にも、自分の「分」を守ることが大切とあります。

社長の仕事というのは経営です。経営というのは「企業の方向付け」「資源の最適配分」「人を動かす」という3つから成り立つと説明しましたが、それをするのが社長の役割です。もちろん、中小企業の経営者であれば、経営だけでなく執行部分、とくに営業や工場などの現場管理もしなければならないでしょう。ただ、本来は経営と執行は違うものだということを十分に理解する必要があります。経営をきちんとやらないと会社は大きくならないのです。

だから、まずは自分に任された仕事をしっかりやることとです。逆に言えば、上の人が下の人の仕事に逃げ込むな、ということとです。部長になった人は課長の仕事がうまくできるから部長になったわけですし、役員の人は部長の仕事がある程度できるから役員になったわけです。だから、上の人が下の人の仕事をうまくできるのは当たり前です。それが前提で、部長には部長の仕事があるし、経営者には経営者の仕事があるのです。ところが、下の人の仕事に逃げ込むとうまくやれるし楽なものだから、上の人が逃げ込もうとすることがあります。これはダメだという話を私はよくします。「ダメな会社というのは、社長が部長の仕事をして、部長は課長の仕事をして、課長は係長の仕事をしている。係長は平社員の仕事をして、平社員は何をしているのかというと、会社の将来を憂いている」という一倉先生の名言がありますが、全くその通りです。

ＤＸ化は宇宙の原理にかなっている

私のコンサルタントとして一番の専門は管理会計です。先ほどの付加価値活動と非付加価値活動というのも管理会計の用語です。これらは実際に分けるとなると難しい部分もあります。非付加価値活動を削減して、付加価値活動を維持し伸ばすことが大事なのです。

業績の悪い会社は、お客さまに対する対応から落ちていきます。それは「お客さま第一」の本当の意味が分かっていないからです。先にも触れましたが、ＪＡＬが復活したあと、飛行機のトイレにＣＡさんが作った折り鶴があったりメッセージカードが添えてあるのを見たとき、仕事に対する感謝の気持ちが芽生えたのだろうなと思いました。元々資質が高い人たちだったから、「お客さま第一」の意味を取り戻すのも早かったのでしょう。

経営を知らない末端で働いている人は、付加価値活動とか非付加価値活動と言われても分かりません。付加価値活動を減らされるということは、お客さまに喜んでもらうことが大前提で働いていた人たちがそれを十分にやれなくなるということです。そんなフラストレーションが溜まる中で、会社がおかしくなって給料が削減されて、ボーナスがなくなってと悪循環に陥っていくのです。

ＪＡＬの場合は、その悪循環を稲盛さんがひっくり返して、徹底的なムダなコストカットと採算管理をしたことによって給料も上がりはじめ、その分、お客さまに対する経済的、精神的な余力が出てきて、サービスも向上していったのです。そういう好循環に入ったわけです。放っておくと人は慢心して内部志向になりがちですが、今のところは変わらずに良い状態が維持できているように感じます。

経費削減は効果がはっきり出るのですが、抵抗勢力はどこにでも必ずいます。とくに給与の削減については抵抗が強まりますから、給与削減は最後の手段と考えておくほうがいいでしょう。

当然のことながら、給与を下げられてモチベーションが上がる人はいません。ところが、ダメな経営者は、会社の業績が下がってくると従業員に危機感を持たせようとして給与削減を持ち出します。業績不振の責任の大部分は経営者にあるのですが、それが分かっていないのです。安易に従業員の給与を削減しようとすれば、従業員は危機感を抱くだけでなく不安になります。その結果、能力のある従業員はダメな経営者を見限って転職していきます。結局、会社に残るのは転職できない社員ばかりということになりかねません。

ムダな経費はどこの会社でも結構あります。給与の削減の前に、そういうムダを徹底的に見つけ出して削減することが大事です。私たちコンサルタントが経費削減をするときには、まず業務プロセスを全部見直します。そして付加価値活動と非付加価値活動に分けて、非付加価値活動を極力減らしていきます。そして、今であればＤＸ（デジタル・トランスフォーメーション）化できる部分はないかと考えます。業務をデジタル化することによって、不要な経費を削減できないかと考えるわけです。

銀行などはＤＸ化が進んでいます。事務作業など、今まで人間がやっていた仕事をすべてコンピュータがやっています。内部の事務は大部分が非付加価値活動ですから、コンピュータがやることで、人件費を含めて大幅にコストを減らすことができます。

別の視点でいえば、普通のガソリン自動車は部品が３万点ぐらい必要なのに、電気自動車は２万点か２万５０００点で済むといわれています。よほどガソリン自動車のエンジン音が好きだという人は別にして、移動手段として考えるのならば電気自動車で十分です。これも社会全体でみたら大きなコスト削減につながります。そういうことも含めて、常に工夫できないかと考えることが大事です。

一方で、人間はやり慣れたことをやりたがります。だから、抵抗勢力が出てくるわけです。しかし、それは仕事を取り上げるということではありません。単調で非創造的な仕事をＤＸ化することによって、浮いた人をより創造的な仕事に持っていくことができるのです。それは中村天風さんの言われる宇宙の原理に合っていることだと思います。宇宙は創造的で生成発展しているのですから、それに合った仕事をしたほうが本来の人間の価値が出るはずですし、そのほうがみんな生き生きと働けるでしょう。それが、稲盛さんの言われる「**創造的な仕事**」につながるのではないかと思います。

機械にできるのなら、それをわざわざ人間にやらせる特段の理由はないはずです。それは危険な仕事をはじめとして、機械にできることは機械に任せればいいのです。それは人件費だけの問題ではありません。人間の創造的な生き方につながる問題です。

第6章

『実学』から読み解くキャッシュフロー経営

勘定合って銭足らず——利益とキャッシュは違う

稲盛和夫さんの『実学』というキャッシュフロー経営について書かれた本がありま す。私はずいぶん前に読んで感動しました。

企業の本当の実力である、**キャッシュベースで経営を考える**のは大事なことです。「キャッシュベース」とは「現預金の増減」のことです。本の中に「勘定合って銭足らず」と書いてありました。稲盛さんは理科系出身ですが、会社経営をはじめて事業がある程度拡大していったときに、利益は出ているけれどもお金が足りないという経験をされました。なぜそういうことになるのか、経理の責任者に聞いてみてもよく分からない。その結果、行き着いたのが「**利益とキャッシュフローは違う**」ということでした。これはその通りです。

どうして「勘定合って銭足らず」になるのでしょうか。理由は簡単です。利益とは売上高から費用を引いたものですが、これは会計上の概念です。たとえば、売ったけれどお金を回収していない売掛金というものがあります。これは、利益は出ているけれどお金は入って来ていない状態です。いずれは回収できるのですが、その時点では売掛金の分の資金繰りが不足する可能性があります。

また、これも会計上の概念ですが、原材料を仕入れる場合に、仕入れただけだと「たな卸し資産（在庫）」という「資産」になって、すぐに費用化されるわけではありません。その原材料を使って製品に変えても、それだけだと原材料の勘定から製品の勘定に変わるだけです。費用化されるのは、その製品が売れたときです。在庫はキャッシュが寝ているのと一緒ですから、キャッシュの流れと利益の流れは合っていません。

さらに、大きな投資をして10億円の機械を買ったとすると、その時点では10億円の機械を買ったお金が出ていくだけです。それは資産に計上されて、たとえばその機械を20年使うのならば毎年５０００万円ずつ減価償却していきます。当然、キャッシュと利益は合いません。

繰り返しますが、利益というのは会計上の概念です。だから、減価償却の方法が変わるとか、費用にして良いものとそうでないものが変わるとか、最近もあった売上高の計上時期を厳格にするといった会計上のルール変更があると、利益額が変わるわけです。ただ、キャッシュの流れそのものは、100円の現金は100円ですし、100万円の預金は100万円です。この利益額と手元にあるキャッシュとのギャップに経営者は最初、戸惑うのです。

そこで私がずっと言っているのは、キャッシュフロー経営をやりましょうということです。最終的には、利益はキャッシュフローの源泉ですから、利益を出す経営をしないとキャッシュフローはついてこないのですが、**利益も出してキャッシュフローもプラスになる経営**をしましょうと言っているのです。とくに「営業キャッシュフロー」といわれる営業段階でのキャッシュフローをプラスにしていくことが大事です。そして、投資もできれば自分たちが稼ぐキャッシュフローの範囲内でしていくというように、キャッシュが増えていく経営をしていきましょうということをいつも言っています。

余談ですが、ピーター・ドラッカー先生は、１００億円規模に大きくなった会社がそれ以上大きくならない３つの理由を挙げています。

１番目の理由は、キャッシュフローよりも利益を重視するようになるからです。１００億円ぐらい売るような会社というのは、上場できるぐらいの規模です。上場すると、銀行もそうですが、一義的には利益がいくら出ているかを見ます。上場を意識していないと資金繰りが何より大事だからキャッシュフローを重視していたのに、利益を重視するように変わるわけです。企業の強さの源泉はキャッシュフローにあります。だから、キャッシュフローをいかに高められるかが重要なのですが、そこから利益に目線が移ってしまうのと、ある日突然、資金が足りなくなってしまうことにもなりかねないわけです。

2つ目の理由は、マネジメントチームの欠如です。100億円ぐらいまでの会社だと、能力の高い経営者が自分一人でもやっていけます。その人の能力次第では300億円ぐらいまではいけますし、カリスマ経営者ならもっといけることもあります。しかし、それ以上に会社を大きくしようとすれば、やはり各所に優秀な人を配置して、その人たちがうまく動かなくてはいけません。また、マネジメントチームをいかに作るかというのが、現状の経営を強化するとともに、世代交代をするためにも大事です。カリスマ経営者の腕力頼みの経営をしていると、規模が大きくなるほど引き継ぎが難しくなるという事例はしばしば見られることです。

3つ目の理由は、会社をある程度大きくしたカリスマ経営者がいつまで経っても「次は自分は何をしようか」と考えることだとドラッカー先生は言っています。言い方を変えると、本当は引退したほうがいいけれどそれをしないということです。

とくに創業経営者は「自分が、自分が」でやって来た人たちですから、「俺がいないとうまくいかない」と思いがちです。でも、いつまでもそんなことを思っていたら引退はできませんし、下手をすると会社にへばりついているようになりかねません。それを老害と一言で片づけることはできませんが、ひょっとすると会社の成長を阻害しているかもしれないということです。

以上のように、キャッシュフローより利益を重視すること、マネジメントチームが欠如していること、経営者が自分の位置づけを見失っていることの3つがある程度の規模以上に会社が成長できない理由だとドラッカー先生は指摘しています。これは確かにその通りだなと私も思います。

松下幸之助さんの「ダム経営」から稲盛さんが学んだこと

稲盛さんがよく本に書いておられる話です。あるところで稲盛さんが松下幸之助さんの講演会を聴いていたときに、松下さんが「ダム経営」の話をされました。そのとき、聴衆の一人が松下さんに「どうしたらダム経営ができるようになりますか」と質問をしました。すると、松下さんは「ダム経営をしようと思うことや」とお答えになって、多くの聴衆ががっかりしたというのです。相手は経営の神様ですから、何か特別な秘訣を教えてくれるのではないかと、みんな期待していたのです。

ダム経営とは、ダムに水が溜まっていると日照りの日が続いても下流に安定して水や電力を供給できるように、企業も人・物・金、とくにお金にある程度の余裕を持たせておいて、いざというときに対応できるようにしておきましょうというものです。

質問者は、自分の会社にはダム経営をするほどのお金がないから、どうすればいいのかと聞きたかったのでしょう。それに対して、「しようと思うことや」という答えが返ってきたので失望したわけです。そんなことなら誰でもできると思ったのでしょう。

ところが、そのときに稲盛さんは「そうか、ダム経営をやろうと思うことか」と素直に思って、京都の町工場に帰ってダム経営をしようと行動し始めたのです。

稲盛さんはよく「**感性的な悩みをしない**」と書いておられます。くよくよしない、くよくよ考えないということです。悩みとは多分に空想の領域です。心配していることの９割は起こらないという説もあります。くよくよ悩まずに行動する。目の前にある自分にできることに集中することが逆の意味で大事なのです。愛生館の小林理事長は、くよくよ考えていても何も変わらないから行動に移すことが大事なのだというのが「感性的な悩みをしない」ということだと思うと言われていました。これもなかなか面白い考え方だと思います。

強く思うことが願望達成の第一歩になる

「強い願望を抱く」という言葉が稲盛さんの本に出てきます。「思い描く」「寝ても覚めてもそのことを思っている」ことが大事だというのです。これは高い目標を持つこととも関連しますが、稲盛さんは、「**カラーで夢を見るぐらい強く思う**」ことが大事だと言っています。これは「目標を忘れない」ということともつながります。誰でも本気で何かをやり遂げたいと思えば、強い願望としてそれを思い描いていることでしょう。

そして、大事なのは、仲間に対してその思いを話し続けるということです。逆に言うと、強い願望を持てば、それを誰かに話したくなるものです。稲盛さんが小さな町工場を始めたときに、中京区一、京都一、日本一、世界一になるという目標に掲げたのもそういうことでしょう。

宝歯会の梶原理事長も、日本一の次は120万人の客数で世界一になろうといつも話しておられます。それはとても大事なことです。「**散歩のついでに富士山に登った人はいない**」という言葉を私は好きです。この言葉の大前提になっているのは「何かをしようと思う」ことです。富士山に登ろうと思わないと、それにふさわしい準備をしませんし、ふさわしい努力もしません。その思いが本気であるなら、実現するために強い願望を描かなくてはいけないのです。

そういう意味で、「思う」ということの大切さを稲盛さんはよく分かっておられたのです。ずっと思う、忘れずに思っているということは、行動の原動力になるのではないかと思います。先ほどの松下幸之助さんのダム経営の話にも通じます。

利益は結果であり評価である

「思う」とともに、利益についてどのように考えるかが大事です。目的と目標の違いについて話しましたが、売上高や利益というのは目標であって目的ではありません。時々、会社の利益を出すことが経営の目的のように言う人がいますが、会社の存在意義とは「特有の使命を果たすこと」と「働く人を幸せにすること」で、これが主な目的なのです。それからもう1つは、「害悪を除去して、社会にさらに貢献する」ということだとドラッカー先生は言われています。

利益とは、会社が特有の使命を果たした結果です。私の言葉で言うとＱＰＳ（クオリティ、プライス、サービス）で差別化した結果です。この３つが他社と違っていたらお客さまは買おうとします。その店にしかない商品があったらそこに行って買います。売上高や利益はそうしたＱＰＳで差別化された結果なのです。

また利益とは、会社が特有の使命を果たした結果であるとともに評価です。評価とは度合いのことです。今、プレミアムなコーヒーがよく売れています。それが１００円のコーヒーと違って本当にプレミアムなものだという評価を得られたら、売り上げ利益に反映されます。たとえば、ジャコウネコがコーヒー豆を食べて、その糞《ふん》から出た豆から作ったコーヒーがあります。お店で飲むと１杯５０００円ぐらいしますが、そういうのは非常に特殊なものです。それを美味しいと思うかどうかは個人の嗜好《しこう》もありますが、５０００円という値段は特有の使命を果たした結果であり、評価だと言っていいでしょう。

つまり、ＱＰＳの観点で特別なものを作り出せば、結果として売上高や利益が出るし、評価が高まるということなのです。しかし、何度も言うように、それは目標であって目的ではありません。あくまでも目的とは「特有の使命を果たす」ことであり、

「働く人を生かす」ことなのです。

働く人が朝早く会社に行きたいなと思うような会社は、目的を果たしているのです。それを忘れて、「とにかく利益を出してこい」という話ばかりになると、東芝のように完膚なきまでに分解されてしまうことになりかねないのです。それは当然の帰結ですが、それを分からない人たちがいます。要するに、金儲けが目的化するとうまくいかないのです。だから、藤本老師は「お金を追うな、仕事を追え」と言われたのです。**世の中が会社に求めているのは仕事そのものであって、金儲けではありません。**お金は目的を果たした結果としてついてくるものです。経営者はそこを十分に理解しなくてはいけません。

利益はなぜ必要か――５つの手段

ただし、結果として売り上げ利益を出すことは会社が存続していく大事な条件です。

その意味では、「利益は手段」なのです。

この手段としての利益には5つあります。これは私の定義ですが、松下幸之助さんも同じことをおっしゃっています。順番に見ていきましょう。

1番目は、会社が延命するために利益が必要です。正確にいうと、利益の蓄積が必要です。この15年間を振り返ると、2008年にリーマン・ショックが来て、2011年に東日本大震災が起こり、近年ではコロナショックがありました。ある程度の蓄えがない会社の多くは生き残りが難しくなるのです。政府が貸してくれるだろうという安易な考え方を持って経営をしていると生き延びることはできないのです。

厳しい言い方になりますが、会社が地震で倒壊してしまったようなときでも、蓄えがあれば従業員さんに「3か月は家の復興や近所の復興を手伝いなさい」と言えます。しかし、蓄えがなければ、「申し訳ないけど会社をたたまないといけない」という話になります。そうなると、従業員さんたちも路頭に迷わなくてはなりません。

また、それまでにいろんな商品やサービスを提供していたとしても、それができなくなり、結果的に社会への貢献ができなくなります。だから、適正な利益を出して、その一部を蓄えておくことはとても大事なのです。

ただ、この点で誤解されやすいことがあります。最近、政府の要請もあって賃上げが行われています。その原資として、経営を知らない評論家たちの中には、企業は内部留保を貯め込んでいるのだからそれを吐き出せばいいという人がいます。それはそうなのですが、内部留保とは何を指しているのかをきちんと理解している人がどれだけいるでしょうか。

普通、内部留保という場合、二通りの解釈があります。１つは、企業の純資産の株主資本に属する利益剰余金です。税金を支払った後の純利益が出れば、会計上はいったん利益剰余金に蓄積されます。先にも説明したように、利益は会計上の概念なので、利益剰余金は現金そのものではありません。一部は現金になっていますが、現金を使って工場を建てたり、購入したものは資産になっています。それが貸借対照表の反対サイドに利益剰余金として計上されているわけです。

それをすべて現金化しようと思えば、工場などの資産を売らなくてはなりません。言い方を変えると、利益剰余金があってもすぐに現預金になるもの以外は使えないということです。

もうひとつの内部留保の考え方は、企業が保有する現預金ですが、これも借金で得た現預金も含むので解釈の難しいところです。いずれにしても、しっかり経営をしていても利益が出るとすぐにそのほとんどで新しい設備投資をするという経営者は、いざというときにお金が足りなくなることがあるわけです。ダム経営でお金を貯めておく必要性を松下さんが説いたのも、そういう理由です。

したがって、手段としての利益の1番目は会社の延命のためです。そのために、利益の蓄積、もっというと現金あるいは、すぐに現金に変わるものでの蓄積が大事なのです。

２番目は、未来への投資のためです。通常の投資は、減価償却内で利益が出なくてもやることはできます。しかし、今の時代はとくにそうですが、優秀な人を雇わないと会社は決して良くなりません。投資というと設備投資を考えがちですが、人材投資も含めて、未来を良くするための投資をしなければなりません。そのためには、ある程度の利益を稼ぐ必要があるのです。

３番目は、今、働いてくれている人たちの待遇を改善するためです。利益なしに待遇だけを改善していると会社はおかしくなります。今の賃上げにしても、生産性を向上させないと長続きはしないでしょう。利益も出ずに、競争上仕方ないからと「他社が賃金を上げているから当社も上げます」と言っていると、結局、会社はおかしくなります。待遇を改善するには、生産性を高めて利益を出すことが必要です。そのうえで待遇がよくなるのなら、働いている人から見ても嬉しい話です。そういう働く人の待遇改善のためにも、利益が必要なのです。

4番目は、上場している会社はとくにそうですが、株主への還元のために利益が必要です。株主還元には自社株の買い入れとか配当がありますが、それを実施するためにはある程度の利益を出さなくてはいけません。そうしないと株主は納得しないでしょう。

余談ですが、当社のお客さまたちにもよく言うのですが、中小企業の場合、配当は税引後、つまり営業利益を出して法人税を払ったあとの純利益から出ます。だから、経営者が自分の持ち株に対する配当をもらうとすると、税金分だけ損をすることになります。

経営を知らない税理士などは、「それはキャッシュフロー上、損だから給料で取ったらどうですか」とアドバイスする人がいます。それに従って、経営者が給料をたくさん取って企業は法人税を払わないという会社が結構あります。実際に今、日本の企業のうちの65％は法人税を払っていません。これで国が成り立つのかと心配になるほどです。

しかし、給料は仕事の対価です。つまり、働きに対する対価です。これに対して、配当は資本を出してくれた人に対する対価です。**給料と配当は本質的に全く違うものです**。働きにそぐわない給料を出せば、給与体系が崩れます。働きもしない社長が給料だけたくさんもらっているという話になるわけです。だから、給料として働きに応じた分だけを取って、配当は、税金が高いことはよく分かりますが、税金を払ったあとに個人として配当をもらうほうが良いと思います。

ただし、これには税制上の問題があります。上場会社の配当は、税率が20％ほどの分離課税ですが、中小企業の配当は雑所得になって、自分の所得税の税率がかかります。つまり二重課税になっていて、確かに損なのです。法人税を取られたあとに所得税を取られるのですから大変ですが、経営を仕事と資本の対価で分けて考えないと経営はおかしくなります。

上場企業で、法人税がもったいないという理由で配当分を経営者の給与に上乗せしているところはありません。だから、「分からなかったら上場会社と同じことをやりなさい」と私はアドバイスしています。もちろん、大企業病のような悪いところを真似する必要はありませんが、仕組み的に大企業のほうが優れていることは多々あります。とくに、ガバナンスの観点ではそう思います。

5番目は、社会への貢献をするために利益が必要です。利益が出れば、税金という形で社会に還元できます。日本は税金が高いと思いますが、国防にしても、警察にしても、道路にしても、子供の教育や学校にしても、みんな税で成り立っています。だから、税を払うということを真剣に考えないといけません。

松下幸之助さんは、最初、税金をたくさん取られるのが嫌だと思っていましたが、自分たちが稼いだ利益の一部を世の中に還元していると思ったら気分が楽になったと書いておられます。

ここで述べたように考えると、**利益とは、会社、働く人、株主、そして社会をよく**

するためのコストです。そういう意味で、正当な利益を出すことは企業の使命だと私は思っています。だから、赤字経営は許されないのです。

稲盛さんも松下さんも適正な利益を出すことを大切にされました。松下さんは「**赤字経営は社会の価値を減ずる**」と言われています。その通りだと思います。だから、働く人や会社や社会をよくするためのコストだという気持ちで、利益を出さなくてはいけません。

以上の5つが手段としての利益です。とくに経営者は、結果・評価としての利益とともに、手段としての利益ということを十分に理解しておかなくてはいけません。そして、それを部下に教えなければなりません。適正な利益を出すという至極当たり前のことを経営者も働いている人も理解しなくては、経営が成功することはあり得ないのです。ましてや、稲盛さんや松下さんのような経営ができるはずもありません。

おわりに

ここまで稲盛和夫さんの経営についての考え方を中心に、松下幸之助さんやピーター・ドラッカー先生、一倉定先生などの考え方も随所に交えて、「経営の本質」ということを説明してきました。皆さんには、成功する経営の本質は皆同じだということに気づいていただけたと思います。

先人たちは、大変な苦労を重ねてこの経営成功の本質を見出してきたのですが、私たちは学ぶ対象さえ間違わなければ、比較的容易にこの経営成功の本質を知ることができます。皆さんも難行苦行の末にこの本質を手に入れることもできると思いますが、稲盛和夫さんのような正しい生き方や経営を実践された方の言動を学べば、比較的簡単にその本質を知ることができるのです。松下幸之助さんが「人生もビジネスも自然にうまくいくようになっている」とおっしゃっているのも、その本質をつかんだらそうなることを知っておられたからでしょう。

そして、あとは実践です。本質をつかんで実践すればうまくいくのですが、本文の中でも書きましたが、円福寺の藤本幸邦老師ではないですが「お金は魔物」です。それを「何千年もの間多くの人が正しいと言ってきた」を学ぶことで、正しい生き方を知り、それを実践することで、悪い欲を克服すれば、さらなる幸福や発展をえられることは間違いないと信じています。

最後に、本書作成にあたり致知出版社の藤尾秀昭社長、書籍編集部の小森俊司さんには大変お世話になりました。おかげでとても良い本に仕上がりました。

本書をお読みになられた皆さんが正しい生き方を身につけられ、ますます発展されることを心よりお祈りしています。

２０２３年秋

小宮一慶

〈著者紹介〉

小宮一慶——こみや・かずよし

昭和32年大阪府生まれ。56年京都大学法学部卒業後、東京銀行（現・三菱UFJ銀行）入行。同行から派遣されダートマス大学タック経営大学院でMBA取得。本店でM&Aなどを担当した後、平成3年岡本アソシエイツに移籍し、同社取締役就任。8年小宮コンサルタンツ設立。『どんなときでも稼ぐ社長がやっている経営習慣36』（日経BP）など著書多数。

稲盛和夫の遺した教訓

令和五年九月二十五日第一刷発行

著　者　小宮　一慶

発行者　藤尾　秀昭

発行所　致知出版社

〒150-0001東京都渋谷区神宮前四の二十四の九

TEL（〇三）三七九六—二一一一

印刷・製本　中央精版印刷

落丁・乱丁はお取替え致します。　（検印廃止）

ISBN978-4-8009-1292-3 C0034

ホームページ　https://www.chichi.co.jp

Eメール　books@chichi.co.jp

装幀——秦　浩司

編集協力——柏木孝之